実践型グローバル人材教育論

世界へ挑む君たちへ

關谷武司［編著］
関西学院大学［発行］

"Mastery for Service"

関西学院大学出版会

実践型グローバル人材教育論
世界へ挑む君たちへ

この本の読み方

　この本を出版したいと願った理由は、文部科学省が推進するスーパーグローバルハイスクール（Super Global High School：SGH）事業によりグローバル人材育成のための先導的教育に取り組む高校教育関係者およびその学びのなかにある高校生諸君へ向け、具体的なグローバル人材育成の教育実践とその成果を提示するためである。また、すでに大学に入学した学生諸君の意識をも覚まさせると同時に、広く教育関係者にグローバル人材育成論を問いたい。

　抽象的概念の域をなかなか出ない「グローバル人材像」。それにもかかわらず生徒をそのように教育しなければならない高校の教職員、自ら努力しなければならない高校生。大学に入学はしたけれど具体的な目標を持ち得ない大学生。それぞれに、「グローバル人材とは何か」「どうすればグローバル人材になれるのか」を悩む。

　編者が勤務する関西学院大学（以下、「関学」）は、19世紀末期に宣教と医療支援を通して世界中で奉仕活動をしてきたウォルター・ラッセル・ランバス博士が1889年、国際社会へ向けて開かれた神戸に創立した。それゆえに、この大学では一貫して世界市民の育成を目指し、日本の中にあって常に先駆的な国際教育プログラムを実践してきた。この本の中心題材として取り上げる「国際ボランティア」は、その120年を超える教育経験の上に立ち、創設者ランバス博士の精神を体現するものとして生み出されてきた教育実践である。

　詳細は本論に譲るが、この「国際ボランティア」は、国際連合（United Nations：UN）や赤十字国際委員会（International Committee of the Red Cross：ICRC）、国際協力機構（Japan International Cooperation Agency：JICA）などと連携し、開発途上国を中心に、学生を一人で5ヵ月間ボランティアに出すという、およそ日本の高等教育機関として、これ以上は考えられない挑戦的な取り組みである。海外に学生を出すプログラ

ムは数あれど、国内780を超える大学の追随を許さない、強い信念と熱い情熱に支えられた厳しいプログラムである。

本書では、その具体的な実践教育経験を高校の先生方や生徒諸君、その他関係者に提示する。舞台が関学という一大学であるがゆえに、執筆者は関学の関係者であり、内容も関学の教育プログラムが題材として扱われているが、我々が提示したいと願っているのは、単なる関学の教育ではなく、あくまで世界で活躍する人材を育成するための、一般論として通用し得る実践型グローバル人材教育論である。

内容的には、コラムなどで国際問題や国際協力にかかわる知識も提供し、アカデミックな水準を保ちつつ、他方で高校生も読みたいと思えるストーリー性も兼ね備えた実用的学術教育書を目指す。

以下に各章の概略を記すが、それぞれに立ち位置の異なる読者のみなさんが、ご自身に最も関心のある章から読み始めていただければ幸いである。

第1章は、すべての読者が一様に関心を持たれるであろう「国際ボランティア」プログラムで、学生たちはどこの国のどういう組織にどんな仕事で行ったのか、について提示する。「その国はどんな国？」「その組織はどんなところ？」「その仕事はどういう仕事？」「なんで行こうと思ったの？」「行ってみてどうだった？」「世界観が変わった？」「日本のイメージが持てた？」それらを学生本人の肉声で伝える。

続く第2章は、どのような教育プログラムを計画・実践することでこの第1章の学生の活躍が実現できるのか、実践型グローバル人材教育論の具体的な中身を提示。シラバス的な内容だけではなく、授業の工夫点、面白いところ・難しいところ、学生のコメントなども紹介する。研究でいう「方法」にあたるところなので、他校でも実践できるよう、実施のポイントを外さないように、事務担当者が汗をかくロジスティック面からのサポートまでも網羅する。大学を選ぶ高校生諸君にもだが、実際に教育実践にかかわらなければならない高校の教職員のみなさん、大学の教職員のみなさんに向けて書き進める。

第3章はグローバル人材考。いろいろな定義があちこちでなされるが、

抽象的な表現で定義されてもわからなくなるばかり。「日本の若者よ、世界に目を開け、歴史に関心を寄せろ。今一度日本について考えてみよ。その上で、日本発の世界に貢献できるグローバル人材を目指せ」という実践から湧き上がってきたメッセージ。

　第4章は「国際ボランティア」で得るもの。このプログラムは留学とは次元が違う。語学ができて成績（Grade Point Average：GPA）が良ければ誰もが参加できるようなものではない。求められる自己鍛錬は半端なものではなく、リスクも伴う。しかし、それでも挑戦するだけの価値ある成長を遂げることができる。他のプログラムとの違いを際立たせつつ、このプログラムで成長した学生は何がどう違うのか、OB・OGには、社会人、企業人となった今だからこそ感じられるこのプログラムの成果と参加する価値を述べてもらう。

　第5章は未来のグローバル人材に伝えたいこと。ここは教育実践者から高校生・大学生へのメッセージ。日本という世界で最も恵まれた環境で学ぶ君たちが今身に着けるべきは、その上になんでも積み上げられる確実な基礎学力、己を制御する自律心、短くもあり長くもある時間の価値の理解、そして……、何よりも心意気！

　それでは、本論へ読み進めていただき、何かを得ていただくことを願ってやみません。

国際学部教授
關谷武司

はじめに

迫られるグローバル人材の育成

大競争時代に求められる大学改革

　教育の目的は、社会で真に役立つ人物を育てることにあるが、学生たちを送り出す「社会」そのものが、今大きく変化している。その意味で、日本の教育はまさに岐路に立たされている。特に大学教育は、重要な転換期にある。

　私たちをとり巻く世界は、グローバリゼーションと経済競争の激化の最中にある。1991年にソビエト社会主義連邦が崩壊して冷戦が終結。東欧諸国が西側の資本主義国に組み込まれ、巨大な世界市場が誕生した。さらに、情報通信技術（Information and Communication Technology：ICT）の発達に伴い、情報が瞬時に世界を駆け巡るようになった。これらの要因によってグローバリゼーションが進み、世界市場を巡っての大競争時代が到来した。

　激動の世界の中で、学生が社会に出たときに必要とされる世界水準の能力・資質を養うことが求められている。変革を迫られているのは、日本の大学だけではない。先進国では、少子化に伴う大学進学率の上昇と相まって、大学生の学力の低下やバラツキが問題となっている。大学で身に着けるべき能力や資質を再考する動きが、ヨーロッパやアメリカを中心に広がっている。こうしたなか、これまでのように知識や技術の伝達だけではなく、「考える力」や社会に出た後も「学び続ける能力」の涵養に、大学教育の重点が移ってきた。

実践型"世界市民"育成プログラム

　先日、日本や欧米など34ヵ国が加盟する経済協力開発機構（Organisation for Economic Co-operation and Development：OECD）の関係者が関西学

院大学（以下、「関学」）を訪れた。本学のグローバル人材育成の取り組みについて視察するためだ。

関学の「実践型"世界市民"育成プログラム」は、2012年度に文部科学省の国際化拠点整備事業「経済社会の発展を牽引するグローバル人材育成支援」に採択された。この事業は、「国際的な産業競争力の向上や国と国の絆の強化の基盤」として、グローバルな舞台に積極的に挑戦し活躍できる人材の育成を目指している。採択にあたっては、本学の「思いやりと高潔さを持って社会を変革する"世界市民"の育成」をミッションとするこれまでの取り組み実績、そしてそれをベースにした構想の質の高さが評価された。

その「実践型"世界市民"育成プログラム」の中核をなすのは、2004年から国連ボランティア計画（United Nations Volunteers：UNV）と提携し、途上国へ学生を派遣する「国連学生ボランティア（当時）」プログラムである。これは、世界でも3番目、アジアでは初めてのチャレンジングな取り組みである。本学では、その試行錯誤の経験を踏まえて、さらに国際協力機構（JICA）や国際赤十字委員会（ICRC）、アジアの非営利団体（Nonprofit Organization：NPO）などと協力して、同じく途上国でのボランティア活動を行う「国際社会貢献活動」プログラムも開発してきた。

これらは単に学生を海外に出すだけのプログラムではない。その特徴は、「個」の内面的成長までを視野に入れた用意周到な準備教育、派遣中の入念なモニタリングと遠隔支援、そして帰国後の経験の内省化促進にある。つまり、入学から卒業までを見据えた全人教育である。学生は専門的な知識・技術、語学などはもちろんのこと、広い視野、バランスのとれた倫理観、たくましさまで身に着け、世の中を変革する「世界市民」としての意識に目覚める。まさに本学のスクールモットーである"Mastery for Service"（奉仕のための練達）を体現するための教育である。

イノベーションの力を高めるために

学生を留学や海外でのボランティアプログラムに参加させる取り組み

は、アメリカやオーストラリアなどの欧米諸国でも積極的に推進されている。その目的の一つは、語学を学ぶためではなく、「異質なもの」を体験することで広い視野を持ち、帰国後の勉学に対するモチベーションを高めるためだ。若い学生たちは、新しい価値観に触れ、それまで知らなかった世界を知ることで、飛躍的に成長する。それは日本の学生も同じだ。

2014年9月、平成26年度文部科学省「スーパーグローバル大学等事業 スーパーグローバル大学創成支援」（タイプB：グローバル化牽引型）に、本学の構想「国際性豊かな学術交流の母校『グローバル・アカデミック・ポート』の構築」が採択された。その一環として導入された「ダブルチャレンジ制度」では、全学部の学生が所属学部や主専攻の学びに加えて、異なるものとの出会いの場として「アウェイチャレンジ」に挑戦する。アウェイチャレンジには留学などの国際交流、社会での実践型学習、各学部が提供する副専攻の3プログラムを設けている。これらのプログラムは、今、社会で強く求められている「イノベーションの力」をつけるためであり、特定の分野だけでなく、「アウェイチャレンジ」を通じて、学生が多角的な視点で創造性を発揮できるよう構成されている。将来グローバルに活躍するための主体性やタフネス、多様性への理解を身に着けるための取り組みでもある。

さらに、中国やインドなどの力が強まり、国際政治の力関係も大きく変貌を遂げるなか、これからの社会に求められるのは、個々人の中に確固たる「羅針盤」を立て、同時に多様性を認める寛容な価値観を持つことだ。また、貧富の格差が国内外でますます深刻化していくなかで、社会の難しい課題に立ち向かっていくための強い志と不断の努力が必要とされる。

志ある若者が世界の諸課題を解決する

一方、日本の学生に接していて気になるのは、その自信のなさだ。

日本を含めた7ヵ国の満13-29歳の若者を対象とした内閣府の「我が国と諸外国の若者の意識に関する調査」では、「自分自身に満足しているか」という質問をしたところ、韓国や欧米の若者は8割前後がYesと答えた

のに対し、日本は5割弱しかポジティブな回答をしなかった。長引く不況低迷による日本経済の基礎体力の喪失などに伴い、日本の影響力はすでに大きく低下しているが、そうした風潮に流されることなく、「世界を変える」「社会を変える」といったリーダーシップをとる気構えがほしい。

アメリカの政治学者のサミュエル・P・ハンチントンは、世界の文明を7つに分けてみたとき、そのうちのひとつは、日本文明としている。日本文明は、他の文化を吸収しながら独特の文化を形成してきた。

日本には、このように我が国にしかない文明があり、ものづくりの技術は今も世界で群を抜いている。「2012年OECD生徒の学習到達度調査（Programme for International Student Assessment：PISA）」では、数学的リテラシーと読解力と科学的リテラシーの3つのうち、日本が読解力と科学的リテラシー部門でOECD加盟国中2位という結果も出ている。

関学では、志ある学生が常に挑戦し続けられるよう、教職員たちの間に、一人ひとりの学生と丁寧に接する風土がある。特に、「国際ボランティア」のプログラムでは、現地に派遣される学生と教職員の間で頻繁なやりとりがあり、密な信頼関係のもと、ボランティア活動が実施される。また、卒業者数4000人以上の総合私立大学において、実就職率8年連続第1位となった背景にも、教職員が学生一人ひとりに連絡をして相談にのったり、呼び出して指導するなど、積極的に向き合う姿勢がある。そうしたやりとりの中で、学生は自信を持ち、次のステップに向けて目標を持って突き進んでいける。

これから大学進学や社会を目指す高校生には、ぜひこれからの変化の激しい時代を生き抜くためにも、まず人間性を磨いてほしい。私たちは、若い人たちが自信を持って社会に出ていけるよう、諸君の無限の可能性を引き出すためのプロフェッショナルとして存在している。

学長
村田　治

目 次

この本の読み方 ……………………………………………… 3
はじめに　迫られるグローバル人材の育成 …………………… 7

第1章　世界を舞台に輝く学生たち ……………………………… 17

1　国連ユースボランティア……………………………………19
期待された以上の仕事を積み重ねた先に────19
もっと社会に役立つ人材になりたい────24
思い知らされた実力、その悔しさをバネに────28

2　青年海外協力隊派遣……………………………………33
スリランカでバレーボール⁉ 人生を変えた青年海外協力隊の半年──33

3　国際赤十字ボランティア…………………………………38
即戦力として再び戻る日まで────38
Column　紛争で被災した子どもたちと国際支援　42

4　ドイツ国際平和村…………………………………………43
民族や宗教の違いを超えて成長する子どもたち────43

5　環境保護NGO……………………………………………46
「よそ者」の立ち位置、客観的にとらえる契機に────46

6　学校教育支援………………………………………………51
大切なのは失敗を次に活かすこと────51

7　コミュニティ支援…………………………………………55
日本語を教えながら知った"新しい"世界────55
Column　ポル・ポトの大虐殺　60

8　ビジネスインターン 61
　　　タイのビジネスの現場で感じた可能性 ──────── 61
　9　文化交流 65
　　　日本と途上国をつなぐかけ橋に！ ───────── 65

第2章　飛び立つための準備 ……………………………… 71

　1　グローバル人材育成プログラムの構想 73
　　　実践型グローバル人材像をどう規定するのか ─────── 73
　2　意識の革新 77
　　　「世界市民論」 ───────────────── 77
　3　能動的探求 81
　　　「国際情報分析」 ──────────────── 81
　4　論理的思考 84
　　　「プロジェクトマネジメント」 ───────────── 84
　5　国際的専門知識 86
　　　「教育開発論」 ───────────────── 86
　　　「International Politics & Economy」 ─────── 89
　　　「国際平和構築論」 ──────────────── 91
　　　「国際環境論」 ───────────────── 93
　6　海外ハンズオンプログラム 95
　　　「国連セミナー」 ──────────────── 95
　　　「インドネシア交流セミナー」──────────── 98
　　　「海外フィールドワーク」 ─────────────100
　7　自主研修 102
　　　学習の場の提供と教員 ──────────────102

8 プロジェクト実践 106
「Heart on Coin "絆" プロジェクト」——————— 106

9 いざ世界の任地へ 111
「国連ユースボランティア」と「国際社会貢献活動」——— 111

10 海外の経験を活かすために 115
「グローバルゼミⅡ」————————————— 115

11 ロジスティックサポート 118
受入機関との手続き ————————————— 118
安全性の確保 ——————————————— 120
予防接種 ————————————————— 123
ビザと航空券 ——————————————— 124

第3章 世界に貢献する「グローバル人材」 127

1 にっぽんのカン違い!? 129
英語ができれば優秀？ ———————————— 129
Column 日本人の英語力　131
「世界」といえば ——————————————— 132

2 世界の本当の姿 133
先進国と途上国 —————————————— 133
貧困 ——————————————————— 136
紛争 ——————————————————— 139
環境 ——————————————————— 142
Column コンゴの悲劇　145
教育 ——————————————————— 146

3 グローバリズムの光と影 151
産業革命から科学の世紀へ —————————— 151
グローバル化のはじまり ——「大航海時代」———— 153
Column アボリジナルの悲劇　156

植民地支配――――――――――――――――― 157
　　　政治介入――――――――――――――――― 160
　　　Column　ジャマイカ人がジャマイカ人になるまで　163
　　　経済による支配 ――――――――――――――― 164
　4　これからの「狭い世界」に必要とされる人材......................166
　　　日本のなりたちと日本人の生き方――――――― 166
　　　日本ならではのグローバル人材 ―――――――― 167
　　　歴史と人間を知り良心を持つ者――――――――― 169
　　　Column　宗教の壁　170
　　　語学ができることの真の重要性――――――――― 171

第4章　国際ボランティアで得るもの 177

　1　留学との違い..179
　　　サービスを受ける者と提供する者 ―――――――― 179
　　　守られる者と自分で立つ者――――――――――― 180
　2　学生はどう変わるか...182
　　　無知の知――――――――――――――――― 182
　　　知ることによる度胸 ―――――――――――― 184
　　　日本人としての自覚――――――――――――― 186
　　　データで見るプログラムの成果 ――――――――― 187
　3　社会に出てから活きること..194
　　　商社の仕事で活かされる責任感と柔軟性――――― 194
　　　どんな状況でも動じない集中力とアグレッシブな姿勢――― 199
　　　開発途上国で真に役立つ研究者を目指して――――― 202

第5章　未来のグローバル人材に伝えたいこと 211

　　　基礎学力――――――――――――――――― 213
　　　自律――――――――――――――――――― 214
　　　時間の価値―――――――――――――――― 215

心意気——————————————————————— 217

おわりに　現代世界と日本の若者に求められるもの……………219
略称用語一覧 …………………………………………………… 227
資　料 …………………………………………………………… 229
執筆者一覧……………………………………………………… 232

関連ホームページ QR コード

国際教育・協力センター

関西学院大学

第1章

世界を舞台に輝く学生たち

1　国連ユースボランティア

期待された以上の仕事を積み重ねた先に
国連ユースボランティア（国連開発計画（UNDP）ルワンダ事務所）

小川凌平
総合政策学部4年

ベトナムで出会った少年

　「アニメーターになりたい」。これは私の幼いころから抱いていた夢でした。幼いころに見た映画『トイ・ストーリー』の影響で、「人を喜ばすことのできるものづくり」という観点から社会に貢献したいとずっと考えていました。高校で進路を考えるにあたっては、単に絵が描けるだけのアーティストではなく、総合的にプロデュースできるアニメーターになろうと決めて、関西学院大学（以下、「関学」）総合政策学部に入学し、そしてメディア情報学科を選択しました。

　日本とニューヨークを行き来しながら働いていた両親のもと、幼いころから外国人に囲まれる機会に恵まれ、関学を選択した理由も国際色豊かな雰囲気に魅力を感じたからです。しかし、大学1年生のときに訪れたベトナムで初めて、これまで自分自身が見てきた「海外＝先進国」とは異なる世界があることを思い知ったのです。

　ベトナムへは、夏休みに思い立って2ヵ月間、単身で行きました。非政府組織（Non-governmental Organization：NGO）の派遣プログラムを利用して、首都ハノイの中心部から路線バスで2時間以上離れた施設に通い、まともに電気や水道などインフラが整わない「日本での当たり前が通じない途上国の生活」を経験しました。私はハンディキャップを持つ子どもたちの世話をしながら、英語の指導やパラパラ漫画を描いて見せることでアニメの制作過程の基本などを教えていましたが、そのとき出会った男

の子のことが忘れられません。ベトナム戦争時にまかれた枯れ葉剤の影響で12歳でありながら6歳の知能レベルだった彼は、これまで学校に通えず、外国人の私に対して英語では「ハロー」としか話すことができませんでした。しかし、記憶力はずば抜けていて、一緒に絵を描きながら英語で話しかけるうちに、どんどん英語を話せるようになったのです。私が帰国するころには「アニメやマンガに携わる仕事に就きたい」と意思表示してくれるまでに成長していました。彼の母親から「家に帰ってからよく勉強にするようになった」と感謝され、彼が夢を持ったことで変わっていく姿に感動しました。

　人の役に立てる喜びを知ると同時に、現地で目の当たりにした先進国との大きなギャップを少しでも縮めたいという想いから、帰国後、以前から興味のあった途上国開発、とりわけ国連への就職を目指す気持ちを新たにしました。当時、元国連職員の方が教員として関学に赴任したばかりで、話を伺いに行ったところ、「国連セミナー」を紹介してくださいました。その「国連セミナー」は、実際にニューヨークの国連本部を訪問し、国際機関や加盟国、NGOの役割について学ぶ、将来開発に携わることを志す学生には非常に魅力的な2週間のプログラムです。学内選考を経て参加してみると、国連で働く方々と直接ディスカッションする機会もあり、今後の開発の課題だけでなく国連で働くことについて理解を深めることができました。また、私が志していた、自分のスキルを活かして「国連の中で広報の仕事がしたい」との思いをぶつけたとき、「本部と途上国の開発現場は全く違う。現場ではプロジェクトを回すだけで精一杯で広報は二の次になりがち。でも需要は確実にある」と教えていただきました。

　そして、実際の国連の現場を体験すると同時に今の自分自身が国際社会の中でどれだけ通用するのかを確かめるため、「国連ユースボランティア」への出願を決心しました。その当時、私の友人が「国連ユースボランティア」で派遣されたボスニア・ヘルツェゴビナから帰国し、現地での貴重な経験により以前の彼女とは雰囲気がまるで違っていたのも出願の決心をした大きなきっかけとなりました。

「人の目を惹くデザイン」でインパクトのある広報を

「国連ユースボランティアは参加したいと思っても簡単に合格できるプログラムではない」。先生や先輩からそう聞かされていました。特に、私が参加した2014年度「国連ユースボランティア」は、制度が一新されたばかりで他大学の学生も応募しており、より競争率が高まっていました。合格できる自信など持てるはずもなく、ノウハウを持つ先生方や先輩から話を伺い、できる限り多くのアドバイスをいただくことを心がけていました。そして、学内代表として決まった後には、アフリカやアジアなど12ヵ国の中から自分自身が希望する広報の仕事で要請があった国連開発計画（United Nations Development Programme：UNDP）ルワンダ事務所を選択しました。国連への英文履歴書の提出や電話面接などに備えて、他大学の候補生以上にルワンダのことを深く知ろうと、国際協力機構（JICA）の研修で来日していたルワンダ政府の方に話を伺いに行ったこともありました。

そんな必死の準備期間を経て合格し、いざ派遣されてみると拍子抜けする出来事が私を待ち受けていました。事務所に行ってみると「誰？」といわんばかりの困惑した表情をされてしまったのです。「大学生か。仕事の邪魔はしないように。」といった態度の人も。そんな調子で最初の1週間は全く仕事がなく、ただ椅子に座って時間が過ぎるのを待つばかりの状態でした。さすがに驚きましたが、私に対する第一印象を払拭することから始めようと思いました。

「まずは任せてもらって、期待の何十倍にもして返そう」。そう決めて、上司や周囲に声をかけるなか、最初に任されたのが、イベントで使用されるバナーをデザインする仕事でした。ニューヨーク本部とのインターネット中継でもそのバナーは映し出され、多くの人に仕事の成果を見ていただける絶好の機会でした。これ

UNYV事務所内の打ち合わせ風景

までの総合政策学部メディア情報学科で学んできた制作スキルを総結集して制作しました。するとルワンダ事務所をはじめ、多くの関係者に評価され、次に別のイベントのための広報用のポスター作成を任されることになりました。「3日間で3枚ほど案を出せ」という上司からの指示に対し、2日間で10案を出しました。とても小さなことのように思えますが、常に上司の期待を上回れるよう、そのようなことを各仕事で繰り返していきました。そうすることで、「こいつ思っているよりできるかも」と思ってもらえるようになっていきました。

現場で見つけた「国連×広報」の底力

そうしたなか、国連合同エイズ計画（Joint United Nations Programme on HIV/AIDS：UNAIDS）と保健省が主催する国際会議で使用されるインフォグラフィックをデザインする仕事が舞い込んできました。依頼は、世界エイズデーの12月1日に向けて、子どもから大人まで幅広い層に対してエイズの現状を知らせるイメージデザインがほしい、というものでした。他機関からの依頼に驚きましたが、アフリカの中で、特に情報通信技術（ICT）立国としての成長過程にあるこの国の存在感を印象的に示しつつ、ルワンダ国内、そしてアフリカ全土でエイズの深刻さを伝えられるよう心がけました。結果、高い評価を得られ依頼元のUNAIDSとUNDPの横のつながりもつくることができました。

一方、1994年の大虐殺を経験したルワンダでは、虐殺を食い止めることができなかった国連を、今も批判的に見ている人がたくさんいます。そんな彼らの国連に対する見方を少しでも変えてもらえるよう、ルワンダ国内で活動する複数の国連機関の活動を「One UN（ワンユーエヌ）」として伝えるウェブサイトを公開することになりました。しかし、公開直後から閲覧数が伸び悩んでしまったのです。そこで、私たちはルワンダで最も多くの人が利用するネットサービスの企業と掛け合い、インターネット広告を展開することにしました。また、ソーシャル・ネットワーキング・サービス（Social Networking Service：SNS）など、さまざまな媒体を通じて

より多くの人に知ってもらえる方法を探りました。すると、広告を展開する以前は多くて1日2000件ほどのアクセス数が5万件まで跳ね上がったのです。これをきっかけにそれまであまり力が入っていなかった広報の重要性を組織全体が再認識でき、次年度広報予算の増額にもつなげることができました。この成果が実現できたのは、まさに総合政策学部メディア情報学科で3年間、制作スキルだけでなくメディア全般について学ぶことができたおかげだと思います。

　そしてもう一つ携わったのが、市民組織（Civil Society Organizations：CSO）プログラムというルワンダ国内のNGOに関する法整備と彼らの組織体制の強化を目的とする事業です。各地で活動する非営利団体（Nonprofit Organization：NPO）／NGOの力を活かす政策として、ルワンダ政府とUNDPが協働で力を入れていたプロジェクトでしたが、出資するドナー国にその重要性が伝わらず、予定していたよりも小規模になりかねない事態が起きていました。出資額を要望通りにまで増やしてもらう方法を考えあぐねていた所長や同僚とのランチの際、意見を求められた私が、「支援先であるNPO/NGOの活動を紹介する動画を制作すれば、ドナー国はプロジェクトの重要性を認識してくれるのではないか」と何気なく提案したところ、「それをやろう！」と所長。私はすぐに支援先であるルワンダ各地で活動するNPO/NGOを取材して動画の制作を任せていただくことになりました。この間、約2週間、睡眠時間を削って朝方まで動画の編集に追われる日々が続きましたが、虐殺後の和解やコミュニティ開発、女性の人権など多様なテーマについてルワンダ国内が抱える問題を解決しようとするNPO/NGOの人に直接話を伺う機会を得ることができたのは貴重な経験となりました。できあがった動画を見たドナー国が、ルワンダ国内において地道に活動するNPO/NGOの必要性を認識し、希望通りの金額での出資を了承してくれたと聞いたときは、かつて経験したことのない達成感を感じました。「こんなユニークなやり方でドナー国との関係が築けるのか」と所長も評価をしてくれ、この取り組みをニューヨークにある国連本部に紹介していただくことができました。

挑戦させてもらえるチャンスに

「国連で広報に携わる仕事をしてみたい」。そんな思いで、関学の授業や派遣前の事前研修で必死に勉強し、現地に派遣されてからも、教員の方々やデザイナーである母親のアドバイスを受けながら自分自身ができる最大限の努力を積み重ねてきました。挑戦させてもらえるチャンスをたくさんいただき、目に見える成果にもつなげることができました。今回の「国連ユースボランティア」を経て得た貴重な経験から「自分が目指す国際貢献」の可能性を確信し、人生をかけてこれからも挑戦していきたいと感じました。

卒業後は、大手電器メーカーに就職することが決まりました。ここをキャリアの第一歩として選択した理由はさまざまありますが、ビジネスの視点から途上国を含めた世界にどこまで貢献できるのかを考え、そして挑戦してみたい、というのが主な理由です。今後の目標としては、一社会人としてだけでなく世界に生きる一人の「世界市民」として、組織の一員の立場から目の前の世界が抱える課題と全力で向き合っていこうと思います。そして、今後その姿勢を追求し続けた先に、自分自身が再び国連という舞台で活躍できていたら幸せだと思います。

もっと社会に役立つ人材になりたい
国連ユースボランティア（国連ボランティア計画（UNV）モザンビーク事務所）

齋藤未歩
社会学部4年

東日本大震災の被災者支援プロジェクトに参加

高校2年生のとき、東北で東日本大震災が起きました。当時、下宿先から宮城県仙台市の高校に通っていて、帰宅途中のバスの中で震災を経験しました。幸い家族は無事でしたが、生まれ育った石巻の街は壊滅的な被害にあい、不安のなかで受験勉強を始めることになりました。他方、高校ではカナダに留学したり、ガーナの児童労働について知る授業があり、世界

の貧困問題やそれらを解決する仕事に関心を抱いていました。卒業後は、大学在学中に国連で働ける「国連学生ボランティア（当時）」の制度に魅かれて、関学に入学しました。

　「世界を見てみたい」。そんな思いで1年生のときに、非政府組織（NGO）が主催するインドのスタディーツアーに参加しました。特に印象に残っているのは、スラム街で暮らす子どもたちの笑顔です。それまで思い描いていた「貧困」のイメージを覆すほどの明るい表情に驚き、「実際に見るのと聞くのは大違い」と実感した瞬間でした。帰国後、関学の「トルコ交流セミナー」にも参加し、トルコの学生との共同生活を通して、言葉や文化の違いを超え理解し合う面白さを知りました。

　一方、故郷の復興にかかわりたいと、東日本大震災の被害にあった子どもたちを支援する関学有志の「Heart on Coin "絆" プロジェクト」に参加しました。「国連学生ボランティア（当時）」としてアフリカのマラウイから帰ってきたばかりの先輩によって立ち上げられたこのプロジェクトは、ただ資金を集めるだけでなく、支援者の気持ちも一緒に被災地に届ける「顔の見える支援」の実現を目指してきました。ロータリークラブやキワニスクラブなどさまざまな組織と連携し、最終的に41ヵ国から469通のメッセージと817万円の義援金を、被災地15の小中学校に届けました。

　この間、何度も被災した地域に足を運び、子どもたちや復興の様子を見てきました。また、プロジェクトの実施にあたっては、途上国で活躍した経験をもとに、熱い思いだけでなく論理を積み重ねてプロジェクトを前に進めていく先輩の姿がありました。「先輩のようにもっと社会に役立つようになりたい」。そう思い、入学当初から目標としていた「国連ユースボランティア」への参加を決めました。

　合格までの道のりは、なかなか大変でした。特に国連の担当者との面接では、長いケースでは1時間以上質問を受けることもあり、月並みな対策では太刀打ちできません。面接対策にあたっては「もっとはきはきしゃべらないと受からないぞ」と先生方から何度も喝が入りました。自信がないと声が小さくなって余計に不安げに見えるから、と指摘され堂々とし

た姿勢を心がけました。派遣されることになったアフリカ・モザンビークの情勢をはじめ、ミレニアム開発目標（Millennium Development Goals：MDGs）や国連の組織についても勉強し、備えました。

空回りする「意気込み」

「予想以上に発展しているな」。2014年9月、日本から少しでも離れた地域に行きたくて選び、辿り着いたモザンビークは、道路やインフラも整備され、想像よりはるかに整った印象がありました。赴任先は、首都マプトにある国連ボランティア計画(UNV)のオフィス。ウガンダやモザンビーク人の上司、同僚4人とともに働くことになりました。

最初に携わったのは、モザンビークで活動する各州からのボランティアプロジェクトの立ち上げ式典です。上司に同行して写真を撮影したり、当日の結果をニュースレターにまとめ、その過程でメンバーの役職や役割が理解できました。その後も、主に広報関連の業務の補佐役として、ウェブサイト構築に向けた企画づくりやフェイスブックの立ち上げ、広報パンフレットやカレンダーの製作にかかわりました。広報媒体の作成にあたっては、東北支援のプロジェクトでチャレンジしたニュースレター作りや、ホームページ編集の経験が役に立ちました。

一緒に働くメンバーは、皆オープンで私に優しく接してくれました。一方、一番難しいと感じたのは、「モチベーション」の落差です。モザンビークのUNV事務所では、それまで広報と呼べるような仕事にはほとんど手が回っておらず、活動のことがわかる冊子が一つもありませんでした。広報への意識が低く、新しい冊子や広報資料の製作の提案をしても、思うようなフィードバックが返ってこず、もどかしい思いをしました。また、12月5日のInternational Volunteer Dayに向け、青年省と共同でイベント開催の準備を担当することになった私は、数ヵ月前から企画を考えて提案しました。でも、待てど暮らせど、なかなか予定通りにミーティングや打ち合わせが実施されず、「企画は見てくれましたか？」と聞いてもはっきりした回答を得られません。結局3日前になって、焦って準備をすること

になってしまったのです。

　直前の呼びかけで、結果的に当日は70人が集まり盛況に終わりましたが、派遣期間中の最も大きなイベントを「なんとか成功させたい」と意気込んでいた私にとって、これはとてもつらい経験でした。「もっと

関係者とのイベント打ち合わせ

前から準備していればさらにたくさんの人が参加してくれたはず」「世界のボランティアを束ねるUNVが存在感を示せる絶好の機会だったはずでは？」と心残りでした。

「日本人一人」の環境で鍛えられた"突破力"

　でもこの経験を通じて、私は人を動かすことの難しさを学びました。「国連は世界平和のために一丸となって突き進んでいる組織」と思い込んでいましたが、必ずしも全員が毎日世界平和を願って奮闘している訳ではありません。理想と現実のギャップを冷静に見つめ、物事を理想に近づけていくための力が不足していた、と痛感しました。

　また、モザンビークでは、現地の生活に慣れてきたころ、ふとした気の緩みから盗難の被害に遭いました。現金やクレジットカード、パソコンなどが入っていたカバンを丸ごと盗まれ、運が悪ければ命を落としていた可能性もあります。すぐに駆けつけてくれた関学の教職員、大使館の方のおかげで、何とかことなきを得ましたが、事前研修で学んでいた「常に危険と隣り合わせ」の環境で暮らす厳しさを、身をもって感じました。

　「腰を落ち着けてどっしりやりなさい」。モザンビークに派遣された当初、先生にいわれたことを、たびたび思い出しました。それまで何か壁にぶつかっても、いつも他の誰かが解決してくれたり、頼れる人がいました。しかし、現地では、何事も自分だけで突破しなければならない場面が多く、嫌でも積極的にならないと前に進めませんでした。「日本人一人」の環境で、随分鍛えられたと思います。

総じてうまくいかないことの方が多い5ヵ月間でした。でもランチや打ち合わせでいつも一緒だった上司は、私が帰国するとき、「初めての受け入れで不安もあったけれどMIHOを受け入れて良かった。本部では今後、英語圏以外でボランティアを受け入れない方針もあるようだが、私は次もまた日本の学生に来てほしい。だから本部を説得してみる」といってくれました。そして、2015年秋から私の友人がモザンビークのUNV事務所で働いています。

　卒業後は、世界における防災研究の中心的存在である京都大学の防災研究所に進学し、津波防災などの防災教育について研究します。モザンビークでは、言葉や文化が異なる世界で真に貢献できるようになるには、思いだけでなく、特定のスキルや専門性が必要だと感じました。そこで、東日本大震災を経験して以来、強い関心を持つようになった災害やソフト面の防災について勉強し、将来は防災分野で日本や世界に貢献できる人材になれたらと考えています。

　「被災を免れたのは偶然じゃない。何か意味があるはず」。モザンビークに行くきっかけをくれ、現地でも励ましてくれた先生の言葉です。その答えを見つけるために、これからもっと社会に役立つ人になれるようがんばります。

思い知らされた実力、その悔しさをバネに
国連ユースボランティア（国連開発計画（UNDP）サモア事務所）

林　達也

Dimension Data Asia Pacific ネットワークエンジニア / 総合政策学部 2015 年卒

インドでの強烈な体験が教えてくれたこと

　2015年3月に大学を卒業後、マレーシアのインフォメーション・テクノロジー（Information Technology：IT）企業で働いています。

　海外へ関心を持ち始めたのは、高校生のころ。英語が少しだけ得意だったこともあって、漠然と海の向こうの世界に憧れがありました。大学選び

も国際色豊かな大学に行こうと関学に入学しました。

「とにかく海外へ行ってみたい！」そんな思いで大学へ入り、すぐに学内で実施されていた留学説明会に参加しました。説明会では、欧米留学の情報だけでなく、学生が国連ボランティアで働く「国連ユースボランティア」の制度があることを知りました。学生のうちに国連で働けるなんて「なんだかすごい！」と入学早々興奮しました。

また大学では、1年生のときから国際関係や途上国の現状について学ぶ機会が多く、周囲には国際協力のサークルに所属している友人もいました。授業ではテレビや新聞で報道されない国際情勢の裏側、紛争や難民の問題にも多く触れました。自分から積極的に知ろうとしなければ、世界で起きている問題に気づかず終わってしまう。それはそれで日本に住む私たちは幸せかもしれません。しかし私は、現実に苦しんでいる多くの人を無視したくないと思いました。微力でも良いから、何か自分も行動を起こしたい。先生や友人に影響を受けながら、そんな思いがどんどん大きくなっていったのです。

そして、2年生の終わりに春休みを利用して、初めて単身インドに渡りました。2週間の滞在期間中、一番長い時間を過ごしたのが、インド東部にあるカルカッタのマザーテレサの施設です。私は、治る見込みのない病にかかった100人ほどの患者がいる「死を待つ人の家」でボランティアをしました。自分で食事ができない人も多いため、その手助けをするのがボランティアの仕事の一つ。今にも亡くなってしまいそうなやせ細った老人を前に戸惑いましたが、目の前の人が安らかな気持ちになれればと思って彼のそばにいました。すると、目の前の老人に急に涙を流しながら抱きつかれたのです。彼が何を思ってそうしたのかと、今でもふと考えることがあります。あのときの驚きと強烈なインパクトは忘れられません。

15年ほど前、家族旅行で行ったインドネシアで、路地裏の貧しい子どもたちを見たことがありますが、当時は別世界にいる人たちだと見過ごしていました。でも、大学での学びとインドでの滞在を経て、貧困の中にいる人のことが他人事ではなくなりました。生まれた環境によってその後の

人生は大きく左右され、日本に生まれた自分がいかに恵まれているかを思い知りました。途上国の問題を改善できる仕事がしたいという思いが固まったのは、まさにこのころです。

　そして帰国後の3年生の春に、1年生のときから目標としていた「国連ユースボランティア」に応募しました。応募から選考・派遣までの半年間は合格することばかり考え、ホームページ作成や動画編集、英語で論理的に話す訓練など、現地で必要とされるスキルをできるかぎり向上させようと努めました。生まれて初めて書く英文履歴書は何度も先生に訂正されました。最終段階の国連ボランティアの面接官との電話面談は、英語がうまく聞き取れず不合格になるだろうと落ち込みましたが、結果は合格。3年生の秋学期に、太平洋の島国サモアに派遣されることが決まりました。その後も派遣まで担当の先生にみっちり英語やITスキル、途上国開発についての指導を受けました。外務省や国連児童基金（United Nations Children's Fund：UNICEF）の職員の方から直接講義を受ける機会も頂け、国際協力の第一線で活躍してきたプロから今のうちに学べることはすべて学んでおこうと、必死に勉強しました。自分たち「国連ユースボランティア」が大いに期待されているということを実感し、日本の国旗を背負う気持ちでサモアに飛び立ちました。

「きつかった」半年間

　「国連ユースボランティア」での経験は、総じて「めちゃくちゃきつかった」というのが正直な感想です。

　サモアでは、国連ボランティアを統括する国連開発計画（UNDP）の事務所で、主にIT機器の管理や広報を担当しました。しかし、パソコンの基本的な知識について大学の授業でかじったことはあるものの、現地ではこれまで見たこともない古い機器や知らないことばかり。それに仕事はすべて英語で行います。派遣直後から不安な気持ちでいっぱいになりました。それでも、全スタッフが日常のオフィス業務をスムーズに遂行するには、インターネットとパソコンは常に使える状態でなければなりません。四六

時中あちらでもこちらでもトラブルが頻発する中、帰宅する直前になって「この PC の修理をすぐにやれ！」と上司にいわれたり、土日に呼び出されてネット機器のメンテナンスに汗することもありました。派遣中に毎週担当の先生にレポートを提出することになっていたのですが、そこで時々弱音を吐いていました。

International Volunteer Day での行進

30-40 人の同僚は、半数がサモア人、残りはベルギーや中国、エチオピアなど世界中から集まっています。彼らに共通しているのは、インターン生でさえ修士号以上の学歴で、最低 3 ヵ国語が話せること。皆、話題が豊富でウィットに富んでいますが、私はといえばランチの雑談にもついていけません。英語力の問題だけでなく、いろいろな側面で「無知」を思い知らされる日々でした。

ただ、辛かったおかげで、国連のシステムや仕事の流れ、国際情勢、サモアのニュース、IT の知識、日本の歴史・文化など、仕事が終わった後で意識して学ぶ習慣が身に着きました。また内向的な性格を克服しようと、仕事帰りや週末も格闘技のレッスンやパーティなどさまざまなイベントに顔を出し、人と話す機会を作りました。

4 ヵ月が過ぎたころ、少しずつ周囲にも認められ、任せられる仕事が増えていきました。部署をまたいで頼りにされることも多くなり、後半にはサモア政府がつくるホームページのアドバイスをする機会もありました。サモア政府は当時、周辺島嶼国の開発や経済発展に関する国連会議に向けた準備を進めていて、その広報活動の一環で、ショートムービーの製作にも携わりました。国連の中で働いているときとは違い、約束に 1 時間以上も遅れたりメールをなかなか返してくれないなど、現地の人々の時間感覚にやきもきすることもありましたが、最後にはサモアの首相に自分が作ったムービーを披露する機会にも恵まれました。

そして帰国の日には、同僚たちにたくさんのプレゼントと寄せ書きを渡

され、「まだ帰らないで！」「契約を延長しなさい」といわれました。自分が悩み苦しみながらもやってきたことは間違っていなかった、少しは成長できたかなと思えた瞬間です。

情報通信技術（ICT）の専門家として途上国の課題を解決したい

帰国後、就職活動を始め、4年生の5月ごろに日本企業に内定が決まりました。しかし卒業が近づくにつれ、もっと海外で挑戦し続けたいという思いが募っていきました。そんななか、偶然ツイッターで見つけたマレーシアのIT会社と縁があり、就職を決めました。

マレーシアは主にマレー系、中華系、インド系の人々で構成されています。会社では他にもベトナム、タイなどさまざまな国の人が働いており、日々多国籍な環境を楽しんでいます。東南アジアならではの雑多な雰囲気にも慣れ、今は、思い切って海外で働く道を選んで本当に良かったと思っています。この選択ができたのは「国連ユースボランティア」の経験があったからこそ。ためらうことなく主張していかないと取り残される環境で、英語を勉強しながら積極的に人とかかわっていく習慣が身に着き、それも今の仕事や生活の中で活かされています。

今後は、他の国々でも数年間働いた後、大学院に進み、ICTの力を途上国で活かす方法を探ろうと計画しています。そして、将来はICTで貧困や格差の連鎖を断ち切るような仕事がしたいと考えています。

2 青年海外協力隊派遣

スリランカでバレーボール⁉
人生を変えた青年海外協力隊の半年
国際社会貢献活動（スリランカ教育省）

沢田賢吾
人間福祉学部 4 年

スポーツ漬けの高校時代

 高校時代は、朝から晩までバレーボール一色。男子校だったこともあって、周りには男ばかり。スポーツ以外のことは考えたことがないくらいでした。でも、大学 3 年生のときに挑戦した「スポーツを通じた国際協力」。これこそが、私の人生のターニングポイントになりました。

 バレーボールを始めたのは中学生のときです。兄の影響で始め、高校はスポーツ推薦でさまざまな運動部が活躍する大阪の私立高校に進学しました。当時、大好きなバレーボールに明け暮れる毎日は幸せでした。でもそんななかで、実は漠然と海外への憧れがありました。それは、テレビでよく見ていたバレーボールやサッカーの海外の選手がとても輝いていたからです。また、高校 2 年のときに友人がアメリカに留学し、1 年後に帰国。友人の変化は明らかで、海外に行ってみたいという思いはどんどんふくらんでいきました。

カナダでぶつかった「壁」

 大学の進路を決める時期になって、進むべき道について考えたとき、「バレーボールを続けたい」という気持ちと、「将来の可能性を広げるために勉強もしっかりしたい」という思いがありました。その 2 つを叶えられるのが、スポーツ推薦で候補に挙がっていた関学でした。念願叶って入学を

果たすと、すぐに体育会バレーボール部に入部。再び練習に試合に汗を流す日々が始まりました。

そうしたなか、大学2年のときに3ヵ月間、所属学部のプログラムでカナダの大学で勉強できることになりました。それは私が関学を選んだ理由の一つでした。典型的な多文化社会であるカナダの大学と関学が協定を結んでいて、ホームステイでカナダの文化に触れながら生活し、学校ではフィールドワークなどを行う機会が用意されています。迷わず応募し、初めて長期の海外生活が実現しました。しかし、覚悟はしていたものの、授業で積極的に質問をする他の国からの留学生たちに圧倒されっぱなしでした。語学に自信がないこともあって、なかなか議論に入っていけず、日本の政治や文化について訊かれても、はっきりと答えることができませんでした。「日本人なのに、日本のことを知らない」。足元のさまざまなことに無関心でいた自分が恥ずかしくなりました。

帰国してからは、授業に取り組む姿勢が変わりました。周りからも「そんなにまじめだったっけ？」といわれるほどでした。留学先で出会った人たちに刺激を受けて、もっとがんばらなければと思ったからです。

関学だけが取り組んでいるプログラム

そして、このカナダでの経験が、「もっといろいろな世界を見てみたい」という思いを一層駆り立てました。でも、海外留学はバレー部を休んで参加していたので、チームの仲間にこれ以上迷惑をかけられないという思いがありました。そうしたなか、私の思いを知ったある先生が、日本で唯一関学だけが取り組んでいる「国際社会貢献活動」のプログラムを紹介してくれました。その中に、大学が提携している国際協力機構（JICA）青年海外協力隊の短期派遣プログラムがあったのです。それはスリランカでバレーボールを教えるという、願ってもないものでした。「バレーボールと海外、両方やっていくことが可能かもしれない！」　決断に時間はかかりませんでした。

学内とJICAの選考にあたっては、大学の先生方やOBの方々にたくさ

んのアドバイスをいただき、対策を練りました。その指導のもと、自分を高めることに専念しました。実際に途上国経験のある先生や先輩方とは相当濃密なやり取りがあり、大変支えになりました。そして、ついにスリランカへの切符を手にすることができたのです。また、出発前には大学とJICA東京で研修が準備されており、交通安全や宗教、感染症など、途上国で気を付けるべきことについて学びました。カナダに行ったときとはまた違う、すべてが想像の世界。期待と不安が入り混じるなか、スリランカに飛び立ったのは3年生の夏でした。

スリランカの子どもたちと

「ここは日本ではない。スリランカだ」

派遣されたのは、現地の教育省でした。当時、子どもの体力不足が課題となっていたスリランカでは、教育省が「子どもの体力増進運動プログラム」を立ち上げ、きちんと実施されていない体育の授業に力を入れ始めたところでした。私はそのプログラムの一環として、小中高校の授業や放課後の部活動でバレーボールを指導することになりました。スリランカの国技はバレーボール。その点もすごく「縁のある国」と感じました。

活動先は、国内最大の都市コロンボから車で3時間ほど離れた村。3つの学校を巡回しながらの指導を任されました。中学のときからずっとバレーボールを続け、後輩への指導も経験しており、最初は自信がありました。しかし、実際に現地の学校へ行ってみると、日本との違いに戸惑うことばかりでした。そもそも、運動する習慣がない子どもたち、体育の授業に無関心な先生たち、運動用具もそろっていない……。

子どもたちの多くは、バレーボール初心者で、パスをつなぐどころか、それ以前の問題でした。私は日本でやってきたようにパス練習を試みるものの、うまくできない子どもたちはどこか退屈そう。思い通りにいかない

ことばかりで、私もイライラすることが多くなっていました。

「自分も子どもたちも楽しんでいない。このままじゃいけない……」。そう感じていたとき、声をかけてくれたのが協力隊員の先輩でした。「日本を基準に考えたらダメだよ」。その言葉にはっとしました。どの子と接するにも、日本の同じくらいの年齢の子どもと比べて、なんでこんなにできないのだろうと思っていました。「ここは日本ではなくスリランカだ」。

仲間と一緒に何かやるという経験もほとんどない、体の発達も十分でない子どもたちが、楽しんでスポーツに取り組めるようにするためにはどうすれば良いのだろうか。私は自分の活動を一から見直すことにしました。

そして、まずは準備運動に取り組み、それがしっかりとできたら、みんなで楽しめるドッジボールから始めることにしました。それは、基礎的な運動能力の向上と子どもたちにチームワークの重要性を考えてもらいたいためでした。また、ボールが少なくても大人数で取り組むことができるのが利点でした。「ボールを独り占めせず、パスを回しながらゲームをしよう」。そう呼びかけながら、得点係やライン係なども分担させ、その係がいるからこそゲームを楽しめることを伝えました。そうしていると次第に、子どもたちの輪の中に笑顔があふれていきました。

今、振り返ると途上国でバレーボールを教えるということで、私自身、力が入り過ぎていたのかもしれません。「貴重な学生時代の5ヵ月、何か大きいことをやってやろう」という思いがありました。でもそれが空回りして、ストレスになり、生徒が楽しめる環境をつくることを見落としていました。半年弱という短い期間で、スリランカの何かを変えられるはずがありません。自分がかかわるのは、JICAが中長期的に支援を続けていくなかのほんの少し。そう思えた後は、少しでも次につながるようなことに取り組もうと、気持ちを切り替えられました。

挫折と失敗の先にある未来

スリランカでは、文化の違いから現地の教員とぶつかったこともあり、失敗や挫折の連続でした。でもそこから得たものは、私にとってかけがえ

のない宝物です。「グローバル化が進むこの社会で、日本の当たり前だけを基準に生きてはいけない」。帰国した今も、強くそう思います。村でただ一人の日本人として生活するのは大変な面もありましたが、おかげで異文化を体験し、適応力や忍耐強さも少しは身に着いたかもしれません。現地の人たちと信頼関係を築くことができたのも、相手を理解し、受け入れる大切さを学ぶことができたからです。

　「関学に入らなければ、こんなに素晴らしい体験はできなかった」と、今強く感じています。スポーツ推薦で入学すると、どうしても部活動での成果ばかりが求められがちですが、関学にはどんな形で入学しても、一人ひとりのやりたいことを後押ししてくれる環境があります。部活の仲間も監督も、みんなが理解してくれたのは、やはり学校全体で国際的な教育に力を入れているからこそだと思います。その環境があったからこそ、私は人生の中で体験できるとは思ってもいなかった貴重な経験をすることができました。

　スリランカに行く前までは、将来は国内でスポーツに関係のある仕事に携わりたいと漠然と考えていましたが、帰国後は現地での多くの経験や学び、さらには先生方からの指導もあり、ここに"海外"という譲れないキーワードが加わりました。スリランカでインフラの不足を実感し、橋づくりや鉄道の整備など、スポーツ以外でも貢献できる仕事に興味を持ちました。また、日本の製品の質の高さはスリランカの農村部でも認められており、日本人としての誇りを感じました。今後も自分なりにできる国際貢献を常に考えたいと思っています。

3 国際赤十字ボランティア

即戦力として再び戻る日まで
国際社会貢献活動（赤十字国際委員会オーストラリア支部 International Committee of the Red Cross：ICRC）

大高　茜
総合政策研究科博士課程前期課程 2015 年修了

「学ぶだけでなく、もっと社会に貢献したい」

　父親の仕事の関係で、小学 6 年と中学時代をオーストラリアで過ごしました。幼いころから英語に慣れ親しんできましたが、途上国や紛争地域に関心を抱くようになったのは、日本に帰国した高校生のときです。進学した国際科で、アフリカや紛争地域などで活躍する国連や非政府組織（NGO）の活動について学ぶ機会もあり、自然と途上国の問題に目が向くようになりました。

　「国際社会で活躍したい」。それが私の高校時代の夢で、卒業後は、関学の法学部に進学しました。

　大学では異文化に触れる機会が多くありましたが、特に印象に残っているのは、旅行で初めて訪れたインドや中国です。インフラの整備や衛生面がまだまだ整っておらず、日本とはあまりにも異なる生活環境に衝撃を受けました。

　また、大学の支援制度を利用してオックスフォード大学のセミナーを受講したり、1 年近くアメリカに留学したことも大きな転機になりました。アメリカでは宿題や課題、テストの量が日本とは比較にならないほど多く、大教室でも皆どんどん発言することに驚きました。豊富な知識や経験を持ってディスカッションする同世代の学生を見て、もっと勉強しなければと強く思いました。

そして、学部を卒業後、関学の大学院、総合政策研究科に進学。以前から興味を持っていた「環境法」を学ぶため、環境法を専門とする教員のもとで研究を開始しました。

そうしたなか、院生2年目に、大学に赤十字国際委員会（ICRC）オー

ICRC の仲間たちと

ストラリア支部へのインターンプログラムができたことを知りました。当初は他の環境 NGO へのインターンシップに関心がありましたが、戦争や武力紛争の犠牲を強いられた人々に対して国際人道法の観点から支援を続ける ICRC に、より強く惹かれました。それまで勉強してきた国際問題や、人権、国際法についての知識を活かし、実際に社会に貢献したいという気持ちもありました。ICRC オーストラリア支部が関学からのインターン生を受け入れるのは初めてで、不安もありましたが、以前から憧れだった国際機関で働く夢が実現できると思って、応募を決めました。

応募から派遣までの数ヵ月の間、書類と面接による学内選考、ICRC 東京支部・オーストラリア支部双方とのスカイプ面接など、いくつもの厳しい審査過程がありました。語学力はもちろん、国際協力や開発に関する知識や実践的応用力も求められ、留学よりも多くのスキルが必要でした。また、合格した後もPC スキルやイラストレーター、フォトショップといったソフトの使い方などを学ぶ研修がありました。「国際社会貢献活動のプログラムの中で、最もレベルの高い能力が求められる」と聞いていたので、プレッシャーもありましたが、事前準備にあたってはかなりの時間を使って先生方から指導を受けました。そして、2014 年9月から約5ヵ月間、ICRC オーストラリア支部に赴任しました。

メディアモニタリングの仕事から得られた分析力

ICRC オーストラリア支部では、20 代後半から 30 代前半の異なるバックグラウンドを持つ5人と一緒に働くことになりました。政府機関で勤務

していた人や母国の紛争に心を痛めて国際人道法の弁護士になった人、広報のプロフェッショナルがいたりと、彼ら一人ひとりの人生を垣間見ることが、より広い世界を知ることにもつながりました。志の高い優秀なメンバーと働くことで多くの刺激を受けました。皆、親切で笑いが絶えない明るい職場環境にも恵まれました。

　しかし、最初の2ヵ月間はメンバーの話題についていけず、会議中に出てくる略語や内容がわからなくなってしまうことがありました。それは、英語力の問題というよりも、現地の事情やICRCの業務についてよく理解していなかったからだと思います。

　このままではいけないと焦りを感じ、業務が終わった後もオーストラリアの政治、経済、社会、人物などについて必死で勉強しました。わからなかった単語をリストアップしたり、暇があればニュースを知るため新聞を読み、ラジオを聴いてオーストラリアと日本の国際情勢などをチェックするようにしました。そうした中、少しずつ理解できるようになっていきましたが、それは業務の一つとして担当していた「メディアモニタリング」のおかげでもあります。毎朝8時半に出勤して、オーストラリアの地元主要紙や外務省などの行政機関や軍事関係のホームページから、ICRCの活動に必要な情報をピックアップしました。そして情報を集約したレポートを毎日広報の担当者に送り、最終的にはジュネーブの本部にも送られました。初めはメディアモニタリングだけで丸一日かかってしまっていたのですが、慣れてくると2時間ほどでできるようになり、リサーチやライティングのスキルが向上したと思います。

　他にも国際問題やICRCの活動についての記事作成やツイッターでの情報発信、会議への出席、来客のスケジュール表の管理、イベントの準備など、多岐にわたる業務に携わりました。一つひとつの仕事を仕上げるたびにスタッフからフィードバックをもらい、達成感を得ながらその仕事の重要性を知り、責任感を持って仕事に臨めるようになっていきました。

　ICRCオーストラリア支部のメンバーは、さまざまな専門分野の研修に参加するため外国に出張したり、資格をとったり、「常に学び続けられる

職場環境」の下で生き生きと懸命に働いているのが印象的でした。時にはスイス・ジュネーブのICRC本部の代表や政府関係者、軍事関係者などと話す機会もあり、国際問題の深刻さを実感しました。そして、国際貢献をするには知識やスキルだけではなく人間性を磨くことも大事だと気づきました。

ハウスメイトや教員の方に支えられた半年間

　「いつかもう一度ここで働きたい」。そう思えるほどICRCオーストラリア支部の職場環境は魅力的でした。5ヵ月の派遣期間が終わるころ、スタッフから「インターン受け入れは初めてのことで教えることも多く、当初は懸念があったけれど、予想以上に貢献してくれて組織にとってプラスになった。ぜひ今後もこのインターン制度を続けたい」といってもらえました。現地では毎日必死でしたが、こうして評価してもらえたことがとてもうれしく、自信につながりました。

　オーストラリアでは、偶然にも米国留学中に知り合った友人の家にステイできたのも良かったです。空港まで迎えに来てくれたり、オーストラリアの事情がわからず困っていると相談にのってくれたり、とても助かりました。ハウスメイトを通して友だちの輪を広げることもでき、より楽しく充実したインターン生活を送ることができました。

　そして、何よりICRCで働く機会を得ることができたのは、選考前から日夜を問わず相談にのってくれた関学の教員の方々のおかげです。現地に行ってからも毎週メールでアドバイスをもらえたことで励みになり、相手の期待に応える成果を出すことができたと感じています。

　帰国後は大学院を修了し、「またICRCで働きたい」という希望を胸に、就職活動を行っています。研究職かNGOなどで職務経験を積み、即戦力として働けるようになれたら再び応募したいと考えています。ICRCのメンバーも「ぜひチャレンジしてほしい」と応援してくれています。

Column

紛争で被災した子どもたちと国際支援
ドイツ国際平和村での活動事例から

　パレスチナ、シリア、南スーダン、アンゴラ、ナイジェリア、アフガニスタン……「戦争の世紀」といわれた20世紀が過ぎた現在も、世界のあちこちで紛争が続いている。爆撃や銃撃戦で荒廃した街やその周辺国・地域には、助けを待つ多くの子どもたちがいて、国連や各国政府、援助機関、非政府組織（NGO）などが不安定な情勢の中、食糧や医療支援などの活動を続けている。

　国境を超えた市民の支援活動として、広く知られるプロジェクトの一つに「ドイツ国際平和村」の存在がある。1967年の第三次中東戦争時、西ドイツのオーバーハウゼンという地域の市民たちが興した運動により始まり、以来、子どもたちへの医療支援活動を続けている。現在、アフリカや中東などを中心に世界各国からおよそ200人の怪我や病気を抱える子どもたちが治療のためにドイツを訪れ、半年から数年にわたる治療の末、帰国している。

　子どもたちの病気は、骨髄炎症や先天性HIV（エイズ）、マラリア、肝炎、敗血症など、紛争や貧困、不衛生な環境の中でかかってしまった病が多い。そんな彼らを受け入れるには条件があり、①現地での治療が不可能であること、②ドイツで治せる見込みがあること、③帰国と帰宅が見込めること、の3つが満たされていなければならない。

　平和村の大きな特徴は、民間の支援活動として多数の企業や個人の協力者がいることだ。そのおかげで年に4回行われる援助飛行において、平和村は飛行機をチャーターすることができる。デュッセルドルフ空港の協力で空港使用料は免除され、病院や平和村までの移動が無償で行われている他、ドイツ国内のみならず世界各国からのボランティアが子どもたちの世話役を担っている。地域住民の協力で、紛争地域に対する物資支援も続けている。

　2013年から2014年にかけて平和村で活動した私も子どもたちの食事やトイレ、怪我の治療のサポートなどを行った。個人で参加したが、子どもたちや現地のスタッフとのやりとりを通して多くの学びがあり、帰国後、関学の「国際社会貢献活動」のプログラムの一つとして採用されることが決まった。関学生、他大学の学生や社会人など、日本人も多く平和村で活動しており、支援の輪が広がりつつある。

佐竹優輝（国際学部4年）

4　ドイツ国際平和村

民族や宗教の違いを超えて成長する子どもたち
国際社会貢献活動（ドイツ国際平和村 Friedensdorf International）

井上晶絵
神学部 4 年

ベトナムで見た貧困の現実

　大阪で生まれて愛媛で育ち、高校卒業後は関学に入学しました。実は第一希望の大学だった訳ではありませんでしたが、入学後は刺激の多い時間を過ごすことになりました。

　1 年生のとき、英語研修で海外へ行った友人が大きく成長して帰ってきたのに影響され、関学のプログラムでカナダへ行きました。6 週間、英語漬けの日々を送りながら、初めての海外生活でたくさんの刺激を受けました。それをきっかけに「もっと広い世界を知りたい」という気持ちが強くなり、関学の看板と言われる「国際社会貢献活動」のプログラムに応募しました。でも結果は不合格。「簡単には受からない」と聞いていましたが、ショックでした。また、幼いときからクラリネットなど音楽を続けていたため、途上国で子どもたちに音楽を教えるボランティア活動がしたくて青年海外協力隊を志しました。ところがこちらも受験年に音楽の職種はなく、ここでも道が絶たれた気がしました。

　前に進むため、「国際社会貢献活動」のプログラムへの導入関連科目として「海外フィールドワーク」という関学のプログラムに参加し、約 10 日間ベトナムを訪問しました。首都ハノイから車で数時間かかるフン・イエン省では、都会とはまるで違う暮らしぶりに大きな衝撃を受けました。それまで両親とともに韓国やマレーシア、タイ、シンガポールなどを旅行したことはありましたが、現地の人と直接触れ合ったのはベトナムが初め

てだったからです。

　特に印象に残ったのは、貧しい人に低金利でお金を貸す「マイクロファイナンス」と呼ばれるシステムを利用する母親の言葉です。「明日食べていくのもままならない状況だが、子どもは学校に行かせたい。だから利用している」と聞き、貧しい暮らしの中で、一筋の希望を見出している姿を垣間見ました。彼女への融資を決めた社会政策銀行のベトナム人の存在も印象的でした。一方、同じベトナム人なのに支援する側とされる側がいることを不思議に感じました。

平和村の子どもたちと一緒に

　小学生のときに赤十字のビデオを度々見る機会があり、なんとなく途上国や貧困の現実は知っているつもりでいました。でも、ベトナムでの10日間を通じて、想像以上に過酷な現実を目の当たりにしたのです。

まずは名前を覚えることから

　3年生の春、2年生のときに受からなかった「国際社会貢献活動」にもう一度応募し、今度は合格しました。派遣先は、紛争地域で危機に瀕した子どもたちをサポートするドイツ国際平和村です。1967年の第三次中東戦争をきっかけに、紛争で傷ついた子どもたちをドイツで治療支援することから始まり、現在も市民の手で運営されています。

　初めて施設を訪れたとき、足や手がなかったり、大怪我をした子どもたちがたくさんいて驚きましたが、皆、元気いっぱいの笑顔で寄って来てくれて、二重にびっくりしました。しかし、わくわくするのも束の間、スタッフの一人として子どもたちの食事や着替え、トイレなど、生活全般の世話係として働き始めると、言葉や文化の違いの壁にぶつかりました。おやつの時間にお菓子を配ろうと呼びかけても、誰も並んでくれないのです。割り込んで取り合いのけんかになってしまい、結局、職員の人に配り直してもらうことになってしまいました。ドイツ語がままならず、また不慣れな

態度で、子どもたちから大人として見てもらえなかったのが原因かもしれません。「お菓子を配る」という小さな役割すらまともにできず、「一体何しにここへ来たのか」と落ち込みました。

また、子どもたちのなかに、私の顔を見ると無言で靴を投げてくる男の子がいました。「なぜ嫌われているんだろう」。そう感じながら信頼できる職員に相談すると「焦らずゆっくりやれば良い。ここに来てくれてありがとう」と、包み込むような優しい言葉をかけてくれました。日本人スタッフにもアドバイスをもらいながら、組織の中での役割を客観的にとらえるよう心がけました。

「まずは子どもたちの名前を覚えよう」。子どもたちとの距離を縮めるために、名前を呼び積極的に声をかけることから始めました。つたないドイツ語で声をかけるのは少し恥ずかしかったのですが、どんどん話しかけていくと、それまで話を聞いてくれなかった年長の子どもたちが、下の子どもたちの世話役や私のサポート役を買って出てくれるようになってきました。靴を投げてきた男の子も、日々話しかけるうちに慕ってくれるようになり、私がドイツを出るころには、手作りのブレスレットをそっとプレゼントしてくれました。

言葉や宗教の壁を越えて

平和村での治療中の子どもたちとの出会いは、世界の紛争地域の現状と平和教育の重要性を知るきっかけとなりました。

母国で紛争や戦争などに巻き込まれ、病気や怪我を負った子どもたちは、ドイツ平和村の現地スタッフや家族などが協議の上、飛行機でドイツに運ばれ、主にドイツの病院で治療を受けます。その後、言語、宗教も異なる多国籍の子どもたちと一緒に過ごしますが、時には言葉や習慣の違いから衝突が起きることがあります。でも私はある日、ついさっきまで取っ組み合いのけんかをしていた異なる宗教・国籍の子どもたちが、窓の外を眺めながら、一緒にお祈りしている姿を見たことがありました。それはとても穏やかで微笑ましい光景でした。

紛争で傷つき、つらい経験をしても、寝食をともにすることで、民族や文化、言葉の違いを乗り越え、成長していく子どもたちの姿に感銘を受けました。そして、そうした子どもたちの成長を見守る平和村の職員のあたたかい姿勢や、長い年月をかけて積み上げてきた支援の仕組みは、素晴らしいと思います。平和村をサポートする病院や企業、地域住民とともに続けてきた活動は、一時、資金難に陥ったこともあったそうですが、そうした困難を乗り越え、今も多くの人の志で支えられています。

また、世界各国からやってきたボランティアと一緒に平和村の寮で過ごした時間も貴重でした。共同のキッチンや居間には、カンボジア人やフランス人、ドイツ人など、さまざまな国籍の人が集まり、平和村の子どもたちのことから各国の文化や習慣の違いなど多様な話題が飛び交う日々は、学ぶことが多く、とても新鮮でした。

他方、現地でさまざまな経験を積むことができたのは、現地に行くきっかけをくれた教職員の方々のおかげです。事前の研修や現地に行ってからの週報を通じたアドバイスだけでなく、帰国後もさまざまな場面で平和村について話す機会をいただきました。将来、世界で活躍する仕事にも憧れますが、私はむしろ大学の職員などとして、私と同じように世界を目指す学生や途上国の問題を解決しようとする若者をサポートする仕事がしたいと考えています。

5 環境保護 NGO

「よそ者」の立ち位置、客観的にとらえる契機に
国際社会貢献活動（マレーシア環境保護団体 Malaysian Nature Society：MNS）

花田　樹
総合政策学部 3 年

アメフトよりも打ち込める何かを探して

1941年の創部以来、関西リーグ戦や甲子園ボウルで輝かしい勝利の記録を打ち立ててきた関学のアメリカンフットボール部。この名門で活躍し、卒業後も実業団の選手として活躍した父の影響で、幼いころからアメフトとともに育ってきました。関西学院高等部ではキッキングチームのユニットリーダーとして、全国高校アメリカンフットボール大会に出場し、3年生では準優勝も経験しました。

「父と同じように、大人になってもアメフトを続けるだろう」。漠然とそう思っていましたが、高校生活最後の全国大会で転機が訪れました。優勝するはずだった決勝戦で敗れ、目の前が真っ暗になってしまったのです。ぴんと張った糸がプツリと切れたように、一瞬でアメフトを続ける意味を見失いました。

高校卒業後は、アメフトがある関学の西宮上ケ原キャンパスの学部に進学するつもりでしたが、その道はやめることにしました。ショックから立ち直るため、アメフトと区切りをつけようと、アメフト部のグラウンドから離れた神戸三田キャンパスの総合政策学部に入学しました。「何でも良いからアメフトに代わる新しい挑戦をしなければ」。焦りにも似た気持ちに駆り立てられながら情報を探していたところ、最初に飛び込んできたのが、全学部生対象の「国連ユースボランティア」です。

他の参加者のように「途上国や国際協力に携わりたい」といった崇高な動機ではなく、とにかく視野を広げ、新しいチャレンジがしたい。ただそれだけでした。これまでアメフトばかりしていて、世の中のことを何も知らなかったので、外交官出身の教員の「国際公務員になりなさい」という話を聞いて、「これこそ大学生活のうちに達成すべき次の目標になる」と決心したのです。

しかし、「国連ユースボランティア」の選考過程は厳しく、応募すれば誰でもすぐに参加できる訳ではありません。英語力やコミュニケーション能力、パソコンやインフォメーション・テクノロジー（IT）のスキルなど多様な能力が求められます。そこで、まずパソコンを買って、ワード

やエクセル、パワーポイントなどの基本スキルから動画やウェブサイトの作り方などを勉強しました。そして、「国連ユースボランティア」に参加する前のステップアップの一環として、2年生の秋に「国際社会貢献活動」のプログラムに応募しました。そして、国際機関や非政府組織（NGO）など複数の派遣機関の中から、マレーシアのNGOで働くことになりました。

新興国における環境教育の可能性

派遣先は、首都クアラルンプールから北東へバスで約6時間以上、自然豊かなトレンガヌ州の森の中にある環境保護団体「Malaysian Nature Society：MNS）」のセンターです。MNSは、マレーシアで最も大きな石油会社ペトロナスが企業の社会的責任（Corporate Social Responsibility：CSR）の一環として設立したNGOであり、マレーシア全土に14の支部があります。

急成長を続けるマレーシアでは、発展の陰で環境破壊や大気汚染などが深刻化し、より多くの人に環境を守る意識を持ってもらうことが、健全な成長のカギになると言われています。マングローブの原生林の中にあり、ワニや猿、カブトガニ、カワウソなど珍しい動植物が見られるMNSのセンターでは、この素晴らしい地の利を活かし、雨期を除き多いときには1ヵ月に数回、主に子どもや企業の社員向けの環境教育プログラムやマングローブの植林活動などを展開しています。

私は、教育プログラムを実施する現地スタッフの補助やマングローブツアーの企画づくり、広報活動のサポートなどを行いました。子どもや社員を集めて、川でカヤックやジャングルトレッキングをしたり、マングローブの木を植えるなど、安全に自然と触れ合う手助けをするのが仕事でした。受け入れる生徒のなかには、英語が通じない子どもも多く、片言の現地語を使いながら子どもたちをまとめるのはなかなか大変でした。マングローブツアーでは泥の中に入って作業するのを嫌がる子もいました。でもプログラムを始める前はつまらなそうだった子どもたちが、思い切って土に触

れ、自然の中に入っていく過程で表情がぱっと明るくなり、充実感いっぱいの顔になっていく、そんな変化を見るのがすごく面白かったです。自然の偉大さを実感するとともに、新興国や途上国における環境教育の意義と可能性を感じました。

マングローブ林における調査活動

　プログラムを支える地域のボランティアの存在にも感銘を受けました。子どもたちに目を行き渡らせるには人手が必要ですが、環境教育を実施した地域では、みんなで子どもたちを育てる空気感が自然にできていて、休日にもかかわらず毎回たくさんの人が手伝ってくれました。尊敬できる人との出会いもあり、特に、漁師であり地域をまとめる村長の役割を果たしていたポワセドさんというおじいさんの姿は、肌の色や言葉は違えど「かっこ良い大人」として目に焼き付いています。自然とともに暮らし、地域の人々の状況を把握しながら、いつも周囲を気にかける強くて優しい方です。

　また、マングローブの養苗場建設のプロジェクトにも携わりました。関学の建築プログラムの受講生の協力を得て企画の立案から設計図、予算の決定、スポンサーとの調査などすべてを任され大変やりがいを感じました。事前にパソコンのスキルなどを磨いていったことも功を奏し、それまでほとんどできていなかった苗や関連商品の管理、プログラム予算の指標づくりなどで一定の成果を残すことができたと思います。

「そんなにがんばらなくて良い」

　マレーシアでの生活は、未知の世界に飛び込み、多くの経験に満ちた貴重な時間でした。でも実は、つらいと感じることの方が多かった、というのが正直な感想です。

　赴任当初、私の業務内容が具体的に決まっていなかったため、何か団体の役に立つことができないかと、スタッフに聞いたところ、「そんなにがんばらなくても良い」とつれない返事をされました。「MNS は企業の

CSR活動を世の中に知ってもらうための組織で、中身そのものには力を入れなくても良い」とまでいわれてしまいました。同僚の現地スタッフのモチベーションは、当初思い描いていたものとは別のところにあり、気張っていた自分が空回りして見えました。

　また、現地での住居は、事務所と同じ敷地内にある木造のロッジでした。住居費もかからず、自然豊かな環境の中で過ごせたのは良かったのですが、周囲にはコンビニも店もなく、物質的にはとても限られた中での生活でした。仕事もプライベートも、朝から晩まで同じメンバーと顔を合わせ、雨季で環境教育のツアーがないときなどは単調な日々が続き、少し鬱屈した気持ちになることもありました。

　そんなときに支えてくれたのが「国際社会貢献活動」プログラムの担当教員です。異なるバックグラウンドを持つ人々と仕事をするとはどういうことなのかを教えてくださいました。おかげで、現地のコミュニティの中で成果を残していくきっかけをつかむことができました。

　今思えば、行く前からあれこれ想像して前のめりになりすぎていたのかもしれません。アメフトに代わる「のめり込めるもの」を探し、「何か成果を残したい」「自分を変えたい」とどこかで焦って自分のことばかり考えていた面もあります。経験も浅い学生が、たった5ヵ月、現地に行って何かを成し遂げようと思っていたこと自体が厚かましく、そこでずっと生きていく人のことが見えていなかったかもしれません。夢や理想を語る前に、生きていくことや食べていく難しさの現実も、垣間見ることができました。チームの一員として、また外から来た「よそ者」として、自分の立ち位置を客観的にとらえる力が少しは身に着いたと思います。

　「あのとき、ああしていれば良かった」「もっとうまくスタッフを巻き込めば、より良い活動ができたかもしれない」。帰国してからも現地での生活を思い出して後悔することがあり、達成感が得られたとはいい難い5ヵ月間でした。でも帰国後、この苦い経験を武器に入学直後から目標にしていた「国連ユースボランティア」に応募しました。そして、2015年9月からエチオピアの国連開発計画（UNDP）事務所に派遣されています。

Communication and Advocacy Officer として主に広報を担当しながら、現地の若者たちのボランティア活動の促進を図っています。マレーシアでの経験が、まさに今活かされていると思います。

今後は、アフリカの中でも経済成長が著しいエチオピアの開発に携わり、将来的にはビジネスの分野で途上国の発展に貢献していきたいと考えています。

6 学校教育支援

大切なのは失敗を次に活かすこと
国際社会貢献活動（インドネシア サティヤ・ワチャナ・キリスト教大学附属小学校）

蓮沼香菜
法学部3年

ベトナムで知った「貧困」の現実

海外に興味を持った最初のきっかけは、高校生のときに短期語学研修でカナダを訪れたことです。自分とはバックグラウンドの異なる現地の高校生とともに学んだことが印象的でした。大学を決めるときには、関学の「実践型"世界市民"育成プログラム」というプログラムに魅力を感じて、入学を決めました。

入学してからは刺激の連続でした。ターニングポイントになったのは、春学期から受けていた「世界市民論」の授業です。それまで海外といえばアメリカやカナダをイメージしていたのですが、実はそんな先進国はごく一握りで、世界には教育も満足に受けることができない人たちがこんなにもたくさんいることを知ってショックを受けました。「私はこのままで良いのだろうか」。そんな思いが募りました。でも夏休みは何も行動に移すことができず、周りにはボランティアに挑戦している人もいて、歯がゆい

気持ちでいました。

　秋学期になって、このままではいけないと自分を奮い立たせました。そして、すぐに約10日間の「海外フィールドワーク」という関学のプログラムに応募しました。短期間でも良いから、外に飛び出してみようと思い、関学の学生15人とともにベトナムに滞在しました。一番心に残っているのは、首都ハノイ郊外の小さな村で農家の人に聞いた「教育は貧困から抜け出す手段」という言葉です。農業だけでは、自分の子どもを学校に行かせることはできないので、マイクロファイナンスを通じてお金を借りて、教育資金にしているというのです。この人たちにとって教育とは、私たちが日本でなんとなく受けてきたものとはまったく違う意味を持つものなのだと知りました。他の関学の仲間たちとも村人へのインタビューの内容を共有しましたが、それぞれ感じることが多かったようです。

　「自分にできることは何か」。帰国してからずっと考えていましたが、私には特技もないし、どうしたら良いのかと落ち込んでいました。でもベトナムで出会った人たちの顔を思い出して、とにかく動かなければ始まらないと思ったのです。昔からやっていた茶道や小学生に対してイベントを提供するボランティア活動などの経験を活かしてできることはないかと探しているときに、ぴったりのものを見つけました。それが次に挑戦した「国際社会貢献活動」です。インドネシアで子どもたちに日本文化を教えるプログラムで、2年生の秋から約5ヵ月間、参加することになりました。

不安と失敗を乗り越えて

　途上国であるインドネシアで初めての長期の海外生活に挑戦すると決めたものの、不安でいっぱいでした。でも事前に関学で研修があり、国際協力とは何かというところから、安全管理、プロジェクトマネジメント、情報通信技術（ICT）まで、海外で必要なさまざまなことを学ぶことができ、少し不安が和らぎました。現地でも最初の2週間はインドネシア語の研修があり、言語面でのサポートも充実していました。

　派遣されたのは、インドネシアのサラティガという街にある小中学校で

した。私は小学生の図工や体育、音楽の教育補助として、各科目の内容に合わせて日本語や日本文化を教えることになりました。現地ではホームステイすることになり、最初は緊張していましたが、構われすぎる訳でもなく、放りっぱなしという訳で

パソコンを使った日本語クラス

もなく、とても心地の良い距離感で過ごすことができました。学校まで毎日20-30分、乗り合いのミニバスで通う生活も新鮮でした。

　でも、実は学校では失敗の連続でした。最初の授業で「日本の伝統の踊りを教えて」と現地の先生にいわれて、みんなで楽しんでやれるものは何だろうと考えました。そして思いついたのが、インドネシアでも良く知られているドラえもんの盆踊り。でも、結果は散々でした。最初にドラえもんの映像を見せて、私が見本で踊って、次にみんなでやろうとしたとき、まったく盛り上がらなかったのです。3年生から6年生までのクラスを担当させてもらっていましたが、学年が上がるにつれて、楽しんでくれていないのがあからさまになり、ショックでした。授業後のコメントシートに、ある男の子が「全然楽しくなかった」と枠いっぱいの大きな字で書いているのを見たときは、胸が締め付けられるような気持ちでした。

　私がそんなふうに落ち込んでいても、現地の先生は「自分で考えて決めて良いよ」といわれました。日本でも大勢に対して何かを教えるという経験がなかったので、とにかくわからないことだらけでした。でも試行錯誤を繰り返しているうちに、自分に足りていないところに気づいたのです。「自分がやりたいこと、良いと思っていること」を押し付けるのではなく、「相手が何をやりたいか、何が好きか」にきちんと耳を傾けることが大切だということがわかってきました。

　それからは休み時間でも、とにかく子どもたちの輪に入って、できるだけインドネシア語を使って話しかけるように心がけました。すると、彼らが少しずつ心を開いてくれるようになって、彼らの興味関心がわかるよう

になってきました。そこで次の授業では、みんなが好きだといっていたサムライの歴史を教えてから折り紙で手裏剣を折ったり、日本の氷鬼と氷鬼に似たインドネシアの遊びのルールを比較しながら遊んでみたり……。次第に、子どもたちに笑顔が見られるようになってきました。私がいない休み時間にも、授業で教えたゲームで遊んでいるのを見たときは、本当にうれしかったです。その様子を見て、現地の先生たちも喜んでくれました。正直にいうと、最初はあまりアドバイスをしてくれないことに不安を感じていたのですが、それは私の主体性を尊重してくれてのことだったと気づきました。

インドネシアは人と人のつながりが濃い国です。隣近所の人たちがみんな助け合っていて、先生も私を見守りながら「困ったときは頼ってね」とか「あなたの授業は失敗ではない」など言葉をかけてくれて、すごく救われました。その他にも、ホストファミリーはもちろん、バスの運転手さんや学校の近くの売店のおばちゃんなど、優しく話しかけてくれる人がたくさんいて、自分は一人じゃない、人と人は言葉が違ってもつながることができるんだと感じました。最初に心を閉ざしていたのは、私だったのかもしれません。

インドネシアにいる間、関学には毎週レポートを提出していました。そのたびに教員からもらえたフィードバックも、現地での活動のヒントになりました。クラスマネジメントがうまくいかないと書いたときには、「子どもの集中力は10分しかもたないから、それを考えて授業を組み立てると良い」とアドバイスをもらい、ある授業の報告を書いたときには、「ここは良かったと思うよ」と励ましの言葉をもらえて安心しました。レポートを毎週書くのは大変だと感じることもありましたが、後になって自分で振り返ることができる材料にもなり、とても良かったと思います。

自分が変わることで周りも変えられる

この5ヵ月間、大変なことやつらいことがたくさんありました。でも、「自分が変わることで、周りの人や現状を変えることができる」と学びました。

授業で何度も何度も失敗して、インドネシアに来た意味があったのかと悩んだこともありました。でも、授業で改善を重ねるうちにみんなの表情がどんどん変わっていくのを見て、これがやりがいなのだと気づきました。「大切なのは失敗を次に活かすこと」。そう思えるようになってからは前向きな気持ちで、いろいろなことに挑戦できるようになりました。「日本のことをもっと知りたい」。一番反抗していた子がそういってくれたときは、本当にうれしかったです。子どもたちに日本文化を教えることで、日本の良さを再確認することもできました。日本人の"相手を察する文化"や、時間や約束を守るなどの価値観を誇りに思うこともできました。

　帰国してからは、関学の学生や高校生にこの経験を伝える機会を得て、自分でも少しずつ、この貴重な5ヵ月の出来事を消化しているところです。卒業後の進路はまだ決まっていませんが、どんなときでも、人の心に寄り添いつつ、自分の意見をしっかりと持って進んでいける人になることが、今の目標です。新しい挑戦を始めるのはとても不安ですが、迷っている人がいたら、勇気を出してその一歩を踏み出してほしいと思います。

7　コミュニティ支援

日本語を教えながら知った"新しい"世界
国際社会貢献活動（アンコール遺跡の保全と周辺地域の持続的発展のための人材養成支援機構 Joint Support Team for Angkor Preservation and Community Development：JST）

新田琴乃
国際学部4年

留学必須の国際学部へ

　高校生のとき、同級生が留学して明るく積極的になって帰ってきました。「海外に行くとそんなに変われるの？」と驚き、それが海外へ関心を持つ

ようになった最初のきっかけです。それまで部活動一色の生活を続けてきましたが、海外に行けるプログラムが多く、卒業の条件として留学が必須の国際学部に進学しました。

　入学後、留学するためには英語能力測定試験（Test of English as a Foreign Language：TOEFL）の点数が必要だと知り、1年生のときに猛勉強しました。そして、2年生の春にカナダのクイーンズ大学に半年間留学し、同級生約20人とともに英語漬けの日々を送り、どんどん英語の点数が上がっていきました。みんなで異文化理解を深められたことも良い経験になりました。

　「身に着けた英語力をもっと活かしたい」「自分にしか得られない経験をしてみたい」。カナダから帰国後、そんな思いが募り、何か特別なプログラムがないか探していました。そんなとき、当時、国際協力機構（JICA）から関学に赴任されたばかりの先生の部屋の前を通りかかり話しかけてもらった縁で、「国際社会貢献活動」のプログラムを知りました。ちょうど私がカナダへ留学している最中に1期生が派遣され、「国連ユースボランティア」と並ぶ、関学にしかないプログラムだと知り、参加を目指すことにしました。

　「海外といえばアメリカやヨーロッパ」。そんなふうに考えていた時期もありますが、「グローバルゼミ」という授業で、世界の80％以上の人が途上国で暮らしていると聞いて、そちら側の世界もこの目で確かめたいと思ったのです。

　「国際社会貢献活動」の当時の派遣国は、カンボジア、インドネシア、ネパール、フィリピン、ラオスの5ヵ国でした。日本人としてできることと部活動で後輩を教えた経験の両方を活かすことができそうだった唯一のプログラムとして、カンボジアで日本語を教えるボランティア活動を選びました。非政府組織（NGO）の仕事に携われるのもカンボジアを選んだ理由の一つです。

日本語を教えるボランティアとして

　約1ヵ月の研修を経て派遣されたカンボジアでは、「アンコール遺跡の保全と周辺地域の持続的発展のための人材養成支援機構（Joint Support Team for Angkor Preservation and Community Development：JST）」という現地NGOに所属しました。JSTは、アンコール遺跡修復事業に派遣された日本人専門家と、かつて難民として日本に渡ったカンボジア人や村の作業員との村ぐるみの交流がきっかけで、2005年に設立されました。地域の人材育成や子どもたちの健康サポートの他、教育支援にも力を入れており、2014年には農村の子どもたちにも多彩な教育の機会をつくろうとバイヨン中学校が建設されました。それまで村の子どもたちは、家から自転車で1、2時間かけて学校に通わなければなりませんでしたが、バイヨン中学校ができたおかげで、歩いて10分程度で通えるようになり、進学率もアップしたのです。学校の設立にあたっては、私の前任の関学生もかかわり、学校建設前の調査や資金集めのためのツアーを実施したと聞きました。

　私は関学の先輩2人の活動を引き継ぎ、この中学校で日本語を教えることになりました。出発前に見た業務シートには「中学校の日本語教師の補助」と書かれていましたが、現地に行ってみると、「補助」ではなく授業全体を任されることになっていました。教員の数が足りなかったからです。受け持ったのは、土曜と日曜の週に3コマ。教える相手は中学生といっても9歳から22歳くらいまでの幅広い年齢層で、日本語初心者からひらがなを読むことができる生徒まで、レベルがばらばらです。家の手伝いで欠席する生徒や、雨季が近づくと田植え作業などで来られない子もいるなど、毎回異なる生徒たちを相手に授業を行うのは大変でした。

　「計画立てて授業をするのは無理」。そう判断し、まず前回来ていた生徒と来ていなかった生徒とをグループに分けて教え合う方法を試みました。カンボジアの農村の学校では教員からの一方通行の授業が多く、グループで何かを成し遂げた経験が少ない子どもたちにとって最初は戸惑いがあったようです。でも少しずつ盛り上がり、徐々に助け合いながら勉強

を進めるようになっていきました。

授業では、遊びやテストを挟んだり、日本語での自己紹介や日本文化のビデオを見せるなど、子どもたちが飽きずに続けられるよう試行錯誤を繰り返しました。出発前に関学の日本語教育の先生に教えてもらった日本の伝承文化の知識なども役立ちました。

生徒たちから信頼されていたJSTの代表は、熱心な教育者でもあります。「日本語を教えることで、彼らの仕事選択の幅を広げたい」。そんな思いを聞くことで、活動の意義を見出すことができました。

バイヨン中学校は途上国における学校建設支援や授業の画期的な手法が注目され、日本からの視察を頻繁に受け入れていますが、そんなとき、私が教えた生徒たちが日本語で「こんにちは」と挨拶しているのを見ると、うれしくなりました。今も日本語を教える活動は続いていて、現在は6期生が現地で活動しています。

また、日本語の授業以外でも、レストランで働く子どもに日本語を教えたり、JSTの本体事業である遺跡修復の活動のパンフレットづくり、遺跡の見回りなどにも携わりました。

慣れない生活を支えてくれた先生や仲間たち

仕事は順調だったものの、私生活は大変でした。現地では気温が高すぎてクーラーが効かず、部屋の中で熱中症になってしまったり、クメール語が読めなくてトイレの洗剤と食器用洗剤を間違えて買ったり。苦労しましたが、最初のころは、関学の先生や先輩に助けてもらっていました。週に1回提出する健康報告書を見た教員が心配して電話をかけてきてくれたり、同時期にフィリピンやインドネシアに行った仲間とスカイプで悩みを共有しアイデアを出し合ったりしました。

途上国のイメージすらなかった私にとって、事前研修で生活面から危機管理の意識、NGOの情報、ミレニアム開発目標（MDGs）といった国際協力の基礎知識まで幅広く学べたことも現地で役に立ちました。

また、私が参加したプロジェクトは関学生として3期目でしたが、1期

生の開拓時の苦労を聞いたり、現地の様子などを写真で見せてもらっていたことで、派遣されてからも大きなギャップは感じることなく、溶け込むことができました。カンボジアでは、道を歩いているときに先輩から見せてもらった写真の風景を思い

日本語クラスの授業風景

出して、「あ、同じところにいる！」とうれしくなって、先輩に写真を送ったこともあります。

　帰国後、自分のやってきたことを人前で話す機会を得られたのも貴重な経験です。現地での体験を振り返ってプレゼンテーションする「グローバルゼミⅡ」の授業では、本当の豊かさや幸せ、グローバル人材の意味などについても語り合いました。高校生に向けて話す機会もあり、そうした経験は、就職活動の際にも役立ちました。

　卒業後は、商社への就職が決まっていて、将来は海外との貿易に携わる仕事がしたいと考えています。カンボジアに行く前まで、実はサービス業に興味があり、別の企業にも合格していましたが、自分がやりたいことは商社にあると思い直し、決断しました。

　現地での経験を通じて、厳しい環境のなかでも続けることで達成感や自信を得られることを学びました。日本語を楽しんで学んでくれる生徒や、日本語の授業を続けてくれている関学の後輩を見て、こんな私でもがんばれば誰かに何かを伝えることができると思いました。そして、純粋で素直な子どもたちを見ながら、自分の常識が世界の常識ではないことも知り、かつてモノがなかった日本にもこういう時代があったことに気づきました。「私が見てきた世界だけがすべてではない」、それを体で実感した5ヵ月でした。

　たくさんの新しい発見を与えてくれた子どもたちやJSTの方々への恩返しをするためにも、いつか間接的にでも途上国の人々に豊かさをもたらせるような仕事がしたいです。まずはできることから少しずつやっていこうと思います。

Column
ポル・ポトの大虐殺

　1975年、カンボジアの首相に就任したポル・ポトは、中国の毛沢東主義を基盤にした「原始共産社会主義」を掲げ、資本主義の要素を否定した。そして、すべての人が同じ階級・格差なしで生活することを目指し、僧侶や教員、医師といった知識人を次から次へと殺害し始め、約4年で100-200万人以上の人々が虐殺されたといわれている。これが、ポル・ポトの大虐殺である。

　ポル・ポトの大虐殺の爪痕は、今もカンボジアの観光地、シェムリアップに残っている。街を歩いていると、40歳以上の大人がほとんどいないことに気づく。大虐殺を体験した人たちは、村の奥でひっそりと自給自足の生活をしていたことが多く、当時の経験を語ることもあまりない。外見上はのどかで平和な村だが、人々の心の傷は癒えてはいない。

　知識人たちが殺されたカンボジアでは、多くの教育問題が未解決のまま残されている。例えば、子どもたちが学ぶクメール語。カンボジアの公用語となっているが、学校に通った経験のない若い教員が教えているため、教え方の質は低い。算数や理科の授業も同様だ。美術や体育などの情操教育にまで手がまわらず、生徒が学校で受けられる教育内容は非常に限定的である。

　文字を書ける人が虐殺されたため、依然として識字率が低く、自分の名前を書けない大人も多い。子どもたちの就学率も低く、特に農村部では、家庭が貧しく農作業の手伝いをさせられたり、地理的に学校が遠いなど、学校に通えなくなってしまう生徒が多い。

　また、ポル・ポト時代の密告制度の影響から、村では助け合いの風土が根付かず、共同生活や共同作業の習慣がほとんどない。

　現在、こうしたポル・ポトの大虐殺のような悲劇を繰り返さないために、シェムリアップを含めたカンボジアに数ヵ所、亡くなった人々が納められている「キリングフィールド」が公開されている。私も見学したが、息を飲むような悲惨さに驚いた。何故このようなことが起こったのか、事実は事実として受け止め子どもたちに伝えていかなければならない。

　カンボジアの悲劇は、これからもこの国に影を落とすが、我々の活動が少しでもその影響を緩和し、普通の環境に戻ることにつながれば幸いである。

新田琴乃（国際学部4年）

8 ビジネスインターン

タイのビジネスの現場で感じた可能性
国際社会貢献活動（泰日経済技術振興協会 Technology Promotion Association：TPA）

鯛谷文崇
国際学部 4 年

大学での学びは「常識」を疑うことから

　高校卒業後、たまたま合格した薬科大学に進学しましたが、薬剤師の国家試験合格に向けた授業ばかりの大学生活になじめず、もっと広い世界を見たいと 3 年次に中退しました。親に「もう一度挑戦させてください」と頭を下げて再受験し、関学に入学し直しました。2010 年に新設された国際学部は在学中の留学経験が必須で、休学せずに留学できるプログラムがある点に魅かれました。

　1 年生から参加できる複数の海外プログラム以外にも、「International Politics & Economy」など国内の授業も刺激的でした。特に大きな影響を受けたのは、「国際情報分析」という授業です。「先進国の人口は世界全体で見れば少数。世界の大多数は途上国」という事実を初めて聞き、頭をガツンと殴られた感覚に陥りました。また、この授業ではメディアで報じられている内容が事実かどうかを疑うメディアリテラシーの学びもありました。それまで大学の授業とは、答えが決まっているものに対していかに証明していくかといった方法論などを学ぶものだと思っていました。しかし、授業の中で、途上国からの研修員の方々にインタビューしたり、答えのない途上国の課題や支援策についてのプレゼンテーションやディスカッションを重ねることで、「常識を疑って自分の頭で考える」ことこそが、大学での本当の学びだと気づきました。

この授業をきっかけに授業担当であった教員のゼミにも入り、意識の高い仲間にも出会えました。その教員に勧められたのが、「国際社会貢献活動」のプログラムです。語学力や海外経験が求められるなどハードルが高く、すぐに合格をするのは難しいと感じましたが、これまで培ってきた知識やスキルが実際のビジネスの現場でどこまで通用するか試してみたい気持ちが湧きました。国籍を超えて周囲から信頼される「人としての魅力」を磨くためにも、このプログラムを通じて苦しい局面を乗り越える経験を積みたいと思いました。

TPA事務所の同僚（右）と

最先端のプログラミング技術を身に着けタイへ

　一方で、実際に途上国の現場で活躍されている教員の方々から話を聞くと、専門的な知識や技術を持っていなければ現場で役立つことはできず、思いだけでは通用しないという現実も見えてきました。そこで、自分に身に着けられる技術とは何かを真剣に考え、それまで独学で学んできたプログラミングの技術を活かして最先端のプログラミング教育に携わりたいと思いいたりました。

　そして、子どもたちに向けた教育プログラムを開発し広く事業展開している東京の「Life is Tech！」というベンチャー企業でインターンをすることにしました。1ヵ月間、毎週末に関西から夜行バスで東京へ通うのは大変でしたが、プログラミングの技術も向上し、夏休みには子どもたち向けの合宿プロジェクトにも携わりました。

　また、国際協力機構（JICA）から関学に出向している教員の紹介で、東京のJICA地球ひろばで「ジュニア地球案内人」という夏のインターンプログラムを経験しました。仕事の内容は、展示ブースに来た一般の来場者に、途上国の課題や国際協力への理解を深めてもらう説明をすることでした。非政府組織（NGO）や国連開発計画（UNDP）の職員の方々とワー

クショップなどを通じて交流する機会があり、世界に貢献する仕事の難しさと面白さを多くの視点から学ぶことができました。

依存した産業構造から自立を促すきっかけを

こうした学内外での活動を経て、2014年9月から約5ヵ月、「国際社会貢献活動」のプログラムでタイへ派遣されました。

派遣先は泰日経済技術振興協会（Technology Promotion Association：TPA）という現地の公益法人で、日本とタイの企業のビジネスマッチングなどの事業を展開しています。かつて日本に留学していたタイ人が中心となって1970年代に設立されたTPAは、日本の技術や知識の普及を目指して、現在、JICA研修員や現地ワーカーに向けた語学訓練や現地の日系企業に向けた研修事業なども行っています。

TPAにとって、長期間にわたる学生の受け入れは初めてのことでした。私は日本企業のビジネスマッチングに向けた新しいプロジェクトチームに所属することになり、日本の東京東信用金庫の駐在員や、4人のタイ人とともに働きました。担当業務は日本貿易振興機構（Japan External Trade Organization：JETRO）などの資料や製造業のパンフレットの日英翻訳の仕事が大半でした。専門用語が多く、日本語でも聞いたことがないような単語の意味を理解するのは大変でしたが、エクセルで用語集を作成し、後任の学生にも役立ててもらえるよう配慮しました。また、日本からの顧客の商談の席に同席したり、工業用地の視察のスケジュール管理、農業技術研修ツアーの企画にも携わりました。タイ人の企業オーナーを対象とした研修ツアーは、千葉県で農業の6次産業化や人工光、インフォメーション・テクノロジー（IT）システムを用いた農作物の栽培など、最新の農業ビジネスのノウハウを学ぶのが目的です。企画にあたっては、スタッフの方々から意見を聞いたり、受け入れてもらう日本の施設や旅行会社の担当者に協力してもらい、すべての関係者にとって魅力あふれる研修ツアーを目指しました。最終的に予算が折り合わず私がいる間には実現しませんでしたが、この企画を進めるにあたり、競争が激化するバンコクだけでは

なく、有望なビジネス市場が残されている地方都市の可能性を垣間見ることができました。日本の中小企業がタイに進出し、ビジネスを成功させるために必要な要素も見えてきました。

緊急帰国の後に引き継がれた「情報通信技術（ICT）教育プロジェクト」

そして、もう一つ、自ら企画し提案したのが、タイの子どもたちに向けた「ICT教育プロジェクト」です。タイの経済は自動車産業への依存が続き、タイならではの新しいビジネスを主体的に興す突破口を見出せず、行き詰まっている面がありました。そこで、タイの未来を担う人材の育成や新しい産業づくりのきっかけになればと、派遣前に習得したプログラミングの技術と面白さを、子どもたちに伝えたいと考えたのです。プロジェクトに参加した子どもたちが新しい価値観に触れ、IT技術を用いて新たな産業を興し、タイの課題を自国の人々自身で解決できる糸口になればと思いました。

ところが、派遣から数ヵ月が経ったころ、ビザの問題が発覚し緊急帰国を余儀なくされました。ちょうど私が赴任した直後に起きたクーデターの影響で、入国や外国人の滞在に関する規制が厳しくなるとともに、現地外務省と入国管理局の間で情報が錯綜するなど、行政の縦割から来る弊害に遭ってしまったのです。現地職員や大使館、関学の教員や職員など多くの方が情報収集など全面的に協力していただき、ギリギリまで予定通りの滞在ができるよう粘りましたが、結局、入国管理局からの許可を得られず帰国することになりました。

引き継ぎにあたっては、タイの職員の方が業務外にもかかわらず丁寧に対応してくださり、励ましの声をかけてもらったことが心強かったです。ビザの一件でできなかった「ICT教育プロジェクト」は、私の帰国後、後任としてタイへ派遣された学生が実施してくれました。子どもたちが楽しめるようにと、アニメのキャラクターを使ってパズルゲームのようにプログラミング開発をしていったそうです。指導の様子を撮影した写真を送ってくれたのを見て、必死で準備したことが無駄にならなかったと、本当に

うれしく思いました。

　タイでは、ビザの問題の他、出発直前にタイの政府軍による軍事クーデターが起きました。ギリギリまで派遣をとりやめるかどうか判断が問われましたが、教員の方々が現地のあらゆるネットワークを使って情報を集め、邦人が巻き込まれるなどのリスクはなさそうだという判断で予定通り派遣を決定してくれました。

　タイでの5ヵ月は、日本では経験できないようなさまざまな緊急事態を乗り切り、異なる生活のなかで物事を前に進める突破力が鍛えられました。また、新しいものを生み出していく仕事を通して「意思決定の基準となる優先順位のつけ方」が自信を持って行えるようになったと実感しています。

　この経験を活かして、今まで世の中になかったようなビジネスを生み出すことに挑戦したいと考えています。そして、世界を舞台に活躍できる人材になることを熱望しています。

9　文化交流

日本と途上国をつなぐかけ橋に！
国際社会貢献活動（カンボジア日本人材開発センター Cambodia-Japan Cooperation Center：CJCC）

市冨沙織
国際学部3年

アゼルバイジャンの留学生と出会って

　高校生のころから、アジアをはじめ世界に興味があり、関学に入学後、1年目に日本語ボランティアとして来日した留学生の日本語能力の向上などのお手伝いをしました。

　私は、東欧からはるばるやってきたアゼルバイジャンの留学生と親しく

なり、彼女とのやりとりを通じて、日本にいながらたくさんの異文化を知りました。なかでも特に印象に残っているのが、「アゼルバイジャンは途上国」という一言でした。「日本のように発展していないし、日本に関する情報も少ない。大好きな

七夕フェスティバル

日本のことをもっと知るために日本に来た」。そんな留学の理由を聞いて、ならば、まず彼女の母国やそれに近い世界を見て、彼女のような人のために何かできないかと思ったのです。

　また、1年生のとき「世界市民論」という授業で、世界の人口の約80％は途上国で暮らしている事実を知り、衝撃を受けました。それまで海外というと欧米のイメージが強かったのですが、授業では途上国の課題解決に向けて奮闘するOB・OGの先輩方からリアルな経験談を聞く機会もあり、途上国へ関心を向ける大きなきっかけになったのです。

　「まずはもっと英語力を磨こう」。そう考えて、2年生の春に中期留学プログラムで、4ヵ月間、カナダのクイーンズ大学に語学留学しました。カナダでは多くを学ぶ一方、日本のことが深く理解されていないと感じることが多々ありました。留学で磨いた英語力を活かしたいという思いと、海外の人に日本についてもっとちゃんと知ってほしいという思いが強くなっていきました。

　そして、カナダから帰国後すぐの秋学期、関学の「国際社会貢献活動」のプログラムに応募しました。数ヵ月にわたる試験や面接を経て、カンボジアの首都プノンペンにあるカンボジア日本人材開発センター（Cambodia-Japan Cooperation Center：CJCC）へ5ヵ月間派遣されることが決まりました。CJCCを選んだのは、日本の文化紹介や日本語教育に携わることができる仕事だったからです。CJCCの運営には、日本の国際協力機構（JICA）や国際交流基金の専門家が、カンボジア人スタッフとともに携わっており、日本の国際協力の現場を知ることもできます。

大学が春休みの2月から3月、派遣前の事前研修が実施され、語学や情報通信技術（ICT）などの他、危機管理について学びました。日本では身の危険を感じるような機会はほとんどありませんが、カンボジアでは交通マナーが悪く信号がない場所も多いなど、常に事故と隣り合わせです。事前に想定できる事故や盗難のトラブルのケースを聞いておいたことで、希薄だった危機管理の意識が備わり、徐々に現地に行く心構えができました。

カンボジアで知った日本文化の奥深さ

派遣先のCJCCは、日本の経験を活かしてカンボジアの市場経済化を促進し、産業発展を担う人材を育成するため2004年に設立されました。通称「日本センター」と呼ばれ、カンボジアと日本の相互理解を深めるための活動も続けています（カンボジア日本人材開発センター 2015）。そのなかで、私は主に交流事業部門でイベントの企画や運営を任されました。上司は、日本文化に詳しい国際交流基金の日本人専門家をはじめカンボジア人スタッフなど数人。交流イベントの他、日本語授業の補佐、図書館訪問者へのサポートなどにも携わりました。

担当した仕事のなかで特に印象に残っているのは、7月にCJCCで開催された「七夕フェスティバル」です。日本人の専門家の方と一緒に茶道について伝える業務を任され、「知識ゼロ」の状態から必死で勉強し、なんとかカンボジアの人々に茶道を教えることができました。このとき、私に茶道を教えてくれた方は、茶道だけでなく華道や礼法の免許を持ち、世界各国で暮らした経験もありました。ただ茶道を教わるだけでなくホスピタリティの精神を説く奥深さを教えてもらい、強い刺激を受けました。

また、私が積極的にかかわったもう一つの仕事は、カンボジア在住の日本人が日本語や日本文化など得意分野の知識をカンボジア人に伝える「CJCC文化ボランティア」です。数年前に企画が出されたものの、人手不足で具体的に進んでいなかったため、「もう一度練り直して実現しよう」と、まず広報活動から始めました。ポスターを作成し、それをカフェに置かせてもらうなどしながらかかわってくれる日本人ボランティアの数を増

やし、なかには料理教室を開いてくれる日本人女性もいました。「日本とカンボジアをつなぐ架け橋になりたい」。思い描いていた仕事が少しずつ実現していくのは、うれしい経験でした。

欧米とは違うカンボジアの価値観
　一方、カンボジアでは、異なる文化や価値観を持つ人と一緒に働く難しさを感じることもありました。
　あるとき、カンボジア人スタッフのマネージャーと仕事の手順の話が食い違い、自分の意見を主張したことがありました。すると「あなたはいつもカンボジア人スタッフのいうことに反論する。そんな人に思っていることや意見を話す気になれない」といわれてしまったのです。これまで留学先のカナダなどでは自分から意見を主張しなければならない場面が多く、思ったことはできるかぎり発言するよう心がけてきたのですが、その姿勢を見直すことになりました。
　そんななか、支えになってくれたのが親身に話を聞いてくれた上司やカンボジア人の友人です。「カンボジアでは人前で誰かを叱ったり、強く主張したりすると恨まれることがあるから気をつけて」。アドバイスをもらい、はっとしました。また、「国際社会貢献活動」プログラムの一環で、毎週、大学に提出していた活動報告書の返信コメントにも助けられました。悩んでいる私の報告を見て、先生から「カンボジアは封建的な文化が残っているから、カンボジアの人の意見を尊重した方が良い」と助言を受けました。時間通りに物事が進まずイライラしがちだった私は、周囲のアドバイスのおかげで、自身を客観的に見られるようになり、少しずつ協調性を重んじる姿勢を心がけるようにしました。
　当初は、周りを見て動かないカンボジア人に、「なぜ？」と憤りすら感じましたが、背景にはポルポト政権時代の抑圧された雰囲気の中で、表立って助け合う風土が醸成されなかったことがあると聞いたこともあります。「私一人の力ではどうにもならないことがある」。そんな当たり前のことを強く感じ、「もっと謙虚な姿勢で物事を進めていこう」と思うようになり

ました。

　実際、私はCJCCの中で一番若く、社会人経験もありません。インターン生として、率先して動いて業務をこなすことで、まずは存在を認めてもらえるよう積極的に話して他の人の仕事を手伝うことをこころがけました。すると、それまで関心を示してくれなかった人も、徐々に私の業務を手伝ってくれるようになっていったのです。交流事業部門のマネージャーから仕事を任される機会が増え、「普段のストレスや悩みは職場ではあまり話せないけれど、あなたにならいえることがある」と信頼してくれました。その言葉がうれしく、自分の存在意義を見出せるようになっていきました。

異文化理解の先にある自信、そして次なる目標
　カンボジアでは、自分と異なるバックグラウンドを持つ人々と接するときの姿勢や異文化を尊重する大切さを知り、どんな環境で相手が誰であっても理解し合う気持ちがあれば、一緒に成し遂げられることがあるとわかり自信になりました。
　「自分で考え、判断し、行動する力を身に着けろ」。関学に入ったときから、先生に何度もいわれてきましたが、生まれ育った環境とは異なる場所に身を置いて働いた経験を通して、改めてこの言葉の重要性を実感しています。
　派遣される前から「将来何がしたいの」と気軽に声をかけてくれたり、現地へ行ってからも「プロジェクトの進捗状況は？」と定期的に話を聞いてもらえたことも、大きな支えになりました。帰国後も、先生や仲間が集まる「コース学習ルーム」に通い、それぞれが経験した国や仕事のことを共有し合えるのもありがたいです。カンボジアで知ったアジアの多様性と日本文化のすばらしさについて、母校や学校の授業で、後輩や同級生に伝える機会があるのも貴重です。
　将来は、カンボジアでの経験を活かし、日本と途上国をつなぐ「文化の橋渡し」の役割を果たせるような仕事に就きたいです。

[参考文献]

カンボジア日本人材開発センター、2015、「センターについて」〈http://www.cjcc.edu.kh/jp/who-we-are.html〉(2015 年 10 月 26 日閲覧)。

第2章

飛び立つための準備

1 グローバル人材育成プログラムの構想

実践型グローバル人材像をどう規定するのか

　国際社会の中で活躍するためには、日本人としてのアイデンティティや主体性を持ち、経験と知識に裏付けられた世界観と倫理観、さらには、チャレンジ精神や使命感を持っていることが求められる。これは、実践型グローバル人材の基盤をなすものであろう。

　この実践型グローバル人材像の片鱗をうかがわせる具体例として、「国連ユースボランティア」プログラムで与えられた業務を完遂して帰国した学生には、次のような具体的な成長が一様に見られた。

①外国語力・コミュニケーション能力向上に継続的に取り組んでいる（外国語力・コミュニケーション能力）
②学びに対して意欲的になり、指示されなくても自分で考えて動く（主体性・積極性、責任感）
③物怖じせず、追い込まれても優先順位を考え課題をまとめる（チャレンジ精神）
④日本を再評価し、異文化に興味を持つ（異文化理解と日本人としてのアイデンティティ）
⑤社会などの動向に関心を持ち、社会的正義感を持って行動できる（公共性・倫理観）

　また、本学キャリアセンターが海外展開に積極的な日本企業70社から新卒者に求める英語能力の水準をヒアリング調査したところ、大半の企業から「検定試験の数字より、国際的な場面で課題解決に向かって協働できるチームワーク能力が重要」という声が上がった。

　そこで、「国連ユースボランティア」プログラムなどの本学の教育経験

と産業界からのメッセージにより、国際社会で活躍するための知識・技能の具体的能力を以下のように抽出し分類した。

1) 確立した個人

「確立した個人」の形成に必要なのは、自律的な態度と社会に貢献しようとする意識・姿勢であり、その主な具体的能力は、①主体性・アイデンティティ、②チャレンジ精神（使命感）、③公共性・倫理観から構成されている。

2) 専門的知識・技能

「専門的知識・技能」の獲得は、所属する学部などにおける専門的な学習を通じてなされるものであり、主な具体的能力は、①専門的知識・視座、②専門的スキルから構成される。

3) 国際的知識・技能

「国際的知識・技能」とは、多種多様な価値観や文化が混在する国際的な場において、専門的知識・技能を遺憾なく発揮するために必要とされる知識・能力であり、主な具体的能力は、①外国語力、②コミュニケーション能力、③異文化理解力、④情報通信技術（ICT）スキル、である。

4) マネジメント知識・技能

国際的な場で多様な他者と協力して論理的に問題解決を図っていくに

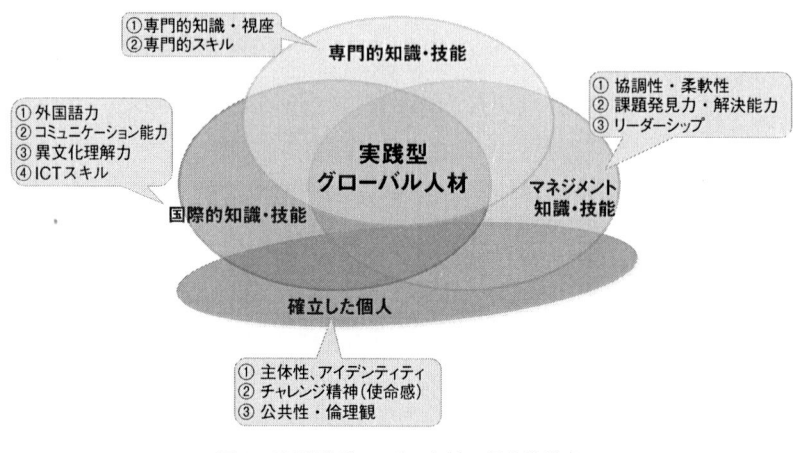

図1　実践型グローバル人材の具体的能力

は、国際的知識・技能実践を通じた専門的知識・技能だけではなく、人間力ともいうべき総合的な「マネジメント知識・技能」が求められる。その主な具体的能力は、①協調性・柔軟性、②課題発見力・解決能力、③リーダーシップから成ると考えられる。

　「確立した個人」を基礎として、「専門的知識・技能」「国際的知識・技能」「マネジメント知識・技能」の3つの知識・技能を備えた人材が「実践型グローバル人材」と考えられる。特に、実践力として必要なのはマネジメントの知識・技能であり、実践型"世界市民"像の特色をなすものである。これからのグローバル人材は、高い外国語力・コミュニケーション能力や専門的知識だけでなく、こうした能力・知識を有機的に用いて、全人類にとって解決を必要とする課題を発見し解決の糸口を見出すための総合力が求められよう。

具体的能力の育成手段

　このような能力を着実に身に着けさせるため、入学直後から卒業まで、以下のように段階的な学生の学びを授業・授業外学習・個別指導を通じて提供する。
　　ステージⅠ：真の世界の姿に目を向け、学びに対する意識を変革
　　ステージⅡ：能動的な学習による「確立した個人＋3領域の知識・技能」
　　　　　　　の獲得
　　ステージⅢ：海外での実践学習
　　ステージⅣ：学習と経験の内在化、および実践力の活用

　ステージⅠでは、後述する「世界市民論」や「グローバルキャリアデザイン」「グローバルゼミⅠ」など、学生の意識を喚起し、4年間の学びをいかに組み立てるかを学生に促す講義を準備している。
　ステージⅡにおいては、少人数で行う「国際情報分析」で大学における学び方の習得を図り、各学部の専門科目を履修しながら、途上国開発

世界市民への道のり
The road to becoming a "World Citizen"

入学！

導入科目履修
- 世界市民論
- グローバルゼミⅠ

基礎科目履修
- プロジェクトマネジメント
- 国際情報分析
- 国際平和構築論
- 教育開発論

語学力向上
- インテンシブ※
- 学部言語科目

- スタディールームでの勉強会
- 情報科学科目でICTスキル修得

海外ハンズオンプログラム
- 国連セミナー
- インドネシア交流セミナー
- 海外フィールドワーク

「国際ボランティア」参加
- 国連ユースボランティア
- 国際社会貢献活動

Be a "World Citizen"!

卒業

帰国後学習により学びを深化
- グローバルゼミⅡ
- オープンキャンパスでの講演
- 高校生とのワークショップ

世界市民として国際舞台へ

- グローバル企業に就職
- 大学院で国際協力についての学びを深める
- 国連・外務省等のスタッフとして途上国に貢献

※外国語を集中的に学ぶ上級コース

分野のエキスパートによる「教育開発論」「プロジェクトマネジメント」「国際環境論」「国際平和構築論」や、国際協力機構（JICA）を通じて途上国から日本にやってくる研修員を囲んでの「International Politics & Economy」などが目白押し。

　ステージⅢでは、いよいよ海外に出て実践経験。交換留学や語学留学だけでなく、体験型の「国連セミナー」「海外フィールドワーク」「インドネシア交流セミナー」「トルコ交流セミナー」などや、高度な「海外インターンシップ」、1セメスターどっぷりと途上国でボランティア活動に従事する「国連ユースボランティア」「国際社会貢献活動」などが準備されている。

　最後のステージⅣは、海外体験を単に思い出として風化させるのではなく、しっかりと振り返り、深く自分の中に内在化させるための「グローバルゼミⅡ」を開講している。このクラスを終えた学生は、オープンキャンパスや高校での講演会などで自分の体験をプレゼンテーションする。「教えることは学ぶこと」。誰かに伝えるためには、自分の頭と心が整理されていなければならず、最高の仕上げとなる。

　それでは、この段階的な学習過程を個別の講義・授業にそって概観してみたい。

2　意識の革新

「世界市民論」

世界に飛び出す「ゲートウェイ」

　「国際的な環境で学んでみたい」「いつか国際社会に出てみたい」「世界に貢献したい」——そう考える学生は少なくない。しかし、「どのようなアクションが起こせるのか」「どのように自分自身を高めれば良いのか」、

確信を持てず、具体的な一歩が踏み出せない学生は多い。

「世界市民論」の講義の目的は、いわば世界の本当の姿を知り、これから始まる大学での学びを充実させるための意識改革を行うことにある。学生にとっては、スクール・モットーである"Mastery for Service"（奉仕のための練達）の精神を体現していく最初の一歩となる。そして、この「世界市民論」を理解した上で、所属する各学部の専門領域で学び、全学に提供されている国際教育関連プログラムを活用していく。

世界市民論の授業風景

本講義では、主に全学部の1年生を対象に、国際社会に横たわる課題とそれらの解決に貢献する事例を各専門分野の教員から提示する。また、実際に社会の中でグローバルに活躍している関西学院大学（以下、「関学」）の卒業生から経験談を提供していただく。学長や副学長、海外からも卒業生が講師として登壇する。大学の本気度が前面にあふれ出ている授業である。

「世界市民論」は、2015年の春学期だけで400人、卒業時には全学生のうちのおよそ7％が受講している。その到達目標は、国際社会に横たわる「貧困」「保健衛生」「紛争」「教育」「環境」「経済」などの問題について理解を深めること。そして、これらの国際的問題の解決に貢献できる世界市民となるために、今、大学でどのように学ぶべきかを深く思索すること、これらの二本柱から成る。

「今、自分の生き方が問われている」

「世界市民論」のある一コマを覗いてみよう。まず世界の貧困や紛争、環境などの課題についてビデオを見る。しかし、テレビなどで海外の様子を見慣れている学生は、映像を見るだけでは世界の現実を自分事としてとらえるようにはならない。そこで、ビデオを見た後に「なぜこんなことに

なっているの？」と尋ねる。そして、学生たちにとって身近な物事と結びつけて考えさせる。例えば、「携帯電話」に内蔵されているレアメタルをめぐり、アフリカのコンゴなどで紛争が起きている事実を伝える。携帯電話の利用者が増えれば増えるほど、レアメタルをめぐる搾取や闘争は続き、紛争の中で子どもが犠牲になったり女性が性犯罪の被害に遭ったりする。このような悲惨な現実を知った学生たちに、さらに「今の話、スマホを使ってるあなたと関係ないの？」と問いかける。

このように「世界市民論」は、「貧困とは何か」といった難しい問題を、机上で学ぶだけの内容ではない。一人ひとりに問いかける。そうすることで学生は、「今、自分に問われている」と逃げることができなくなる。自分の状況を見つめ直すための90分でもあるのだ。

大学の授業、特に大講義では、講師と自分たち受講生の関係を一対大多数という意識で受動的に聴いていても身に着く学びは少ない。常に「一対一の面接を受ける気持ちで来なさい」と伝えている。大学に入って最初の授業がつまらなければ、学生はどんどん大学から離れ、好き勝手に自分の興味のあることしかしない大学生活を過ごしてしまう。

学生間の口コミやフェイスブック、ツイッターなどで、この授業は「厳しい」と伝わっている。しかし、途中でやめてしまう学生はほとんどおらず、最初は「面倒臭い」「早く終わってほしい」と上の空だった学生も、途中から「大変だけど面白い」と意識を変えていく。

これから社会に出て行く学生のライバルは、隣の居眠りをしている学生ではなく、日々必死で勉学に励む世界の若者なのだ。無駄なことをしている暇などない。学生には、社会に出るための鍛錬として、大学で少しでも多くの「真剣勝負の時間」を過ごしてほしい。

以下、「世界市民論」を受講した学生たちの感想文の一部を紹介する。

○「夢は何ですか？」という教員からの質問に対して、私は「商社で働きたい」と返しました。「なぜですか？」という質問には「お金持ちになりたいから」と書きました。その後、ビデオで見たクリスティーナの回答を見て、自分のおろかさに気づきました。自身がいかに自己

中心的だったか、そして学ぶ意味をも学びました。(国際学部1年)
○「やりたいことは何か」「夢は何か」など「10の質問」をされたとき、僕は答えることができませんでした。正直考えたこともなかったのです。しかし、授業で聞いた一人のアフリカの少女の言葉に心を打たれました。「今やりたいことは勉強。弟や妹が死ななくて済むように、将来は医者になりたい」。彼女のような境遇の人がいることを知って、何も考えてこなかった自分が恥ずかしくなりました。(経済学部1年)
○正直、「世界市民論」の授業は、最初は本当に厳しくて大変だと思いました。でも、教員から投げかけられた言葉に感動して、この授業をきっかけに自分の将来を変えられたら、と本気で考えるようになりました。今していることや居場所について不安で悩んでいるまっただ中でしたが、だからこそ響いたのかもしれません。私が抱えていた悩みは、所詮、自分のことしか考えていなかったからだと気づきました。(文学部2年)
○「世界市民」という言葉のイメージは海外で働く人というイメージが強かったのですが、授業で「世界市民」とはどこで働くかではなく、どのような意気込みで働くかということだと知りました。「世界市民」になろうとすることは簡単で、むしろ誰かのためにことをなすという気持ちを持ち続けて行動に移すことが難しいのだと思いました。(文学部1年)
○「勉強が嫌だ」。今まで私は何回もこういっていましたが、それでも将来は誰かのために役立ちたいと思っています。こんなことではいけない！とはっとしました。(国際学部1年)
○高校3年生のとき、進路の関係で行きたい大学に行けないといわれ、小さいころからの人生設計を否定され、考え直してはまた否定されることが続きました。夢を持ってはいけないとさえ思いました。だから今日の講義の冒頭で「やるべきこと」を問われて泣きそうになりました。でも最後まで聞いた後、ボランティアと教育を結びつけて日本や世界を変えたい、という新しい夢を持つことができました。いつにな

るかわからないけれど、関学生として、まず夢を持ちます。(人間福祉学部1年)

○今、自分が何の目的もなく生活を送っていることに気づかされた。大学に入学する前はいろいろな目標や希望があったにもかかわらず、チャンスを逃そうとしていた。今いる自分の環境を存分に活かして他の人に感謝し、自分だけでなく他の人のために動ける人間になる努力をしたい。後悔のない大学生活を送ろうと思った。自分の意志を持って行動したい。(法学部1年)

3 能動的探求

「国際情報分析」

「学習」から「学問」へ

アメリカの心理学者 B.S. ブルームは、思考力などの認知的領域での教育目標を、知識、理解、応用、分析、統合、評価の6段階に分けている。これらのうち、知識、理解、応用の3つの段階は低次の思考スキルで、分析、統合、評価は高次の思考スキルであるとしている。低次のスキルは、知識を受け取り、理解し、それをそのまま応用するというように「受動的」なものである。他方、高次のスキルは知識の咀嚼だけでなく、知識そのものの妥当性の検討を含む「能動的」なものである。

さて、今の大学生を見ていると、「学ぶ」とは、誰かからサービスとして提供される知識を覚えることと勘違いしているのではないかと思えるような者が多い。面白そうな題目の講義という商品を、シラバスという商品目録から選び、受けてみると内容がつまらない、教え方が下手でわからない……と文句を並べ、主体性のない受動的な学習態度。生まれたときから

何でもそろった社会で育てられてきた学生にとって、それは致し方のないことかもしれない。しかし、あれこれを提供されるなかで、学習者がやらねばならなかった能動的取り組みをやらず、ただ自分の気に入ったものを選ぶだけの大学生活で、身に着けられるものは多くない。

少子化の進行とともに、大学希望者は誰でも大学に入れる全入時代。大学に期待されるもの、すなわちその役割なども当然変わるべきところはあるだろう。しかし、本来大学とは「学問」をするところである。「学問」は高校までの「学習」とは違う。「学習」は、人類が獲得してきた知識や技術、その中でも確立されたものを身に着けること。「学問」とは、それら基礎的な知識・技術をベースに、未知のことについて問い学ぶこと。だから、大学での学びはもはや受動的ではあり得ない。自ら能動的に学びに行くのである。

この「国際情報分析」の講義は、「世界市民論」で意識が目覚めた学生に、今度は高校までの「学習」という学びのスタイルを、大学での「学問」という学びのスタイルに進化させるものである。

自ら真実を求める喜び

この授業の到達目標は、単に知識を受け身で学ぶだけでなく、自らが主体となって知識を分析・統合し、最終的には知識そのものの妥当性を評価できるようになること。つまり、受講生には、具体的に国際的な情報を分析・判断しようとする姿勢と、その方法を理解し、実践できることが期待される。

まず、情報とは、意図があろうがなかろうが、作られるものであることを理解した上で、次に、情報を分析する方法について講義で学ぶ。もたらされた情報には明確な根拠があるのか。その根拠の解釈は妥当なのか。他のソースから検証できるか。利害関係者などの情報の背景はどうなっているか。これらのことを丹念に分析していくと、その情報にはどういうバイアスがかかっているかが見えてくる。

「方法」を理解した上で、実際に「演習」である。学生たちは5、6人

のグループに分かれ、さまざまな事例についてグループ単位で情報の分析にかかる。まず取り上げるテーマを決める。これまでに取り上げられたテーマは80近くに及び、最近では、「シリア内戦と大国のエゴ」「イラク・レバントのイスラム過激派組織（Islamic State of Iraq and the Levant：ISIL）への志願兵」「環太平洋パートナーシップ（Trans-Pacific Partnership：TPP）で得るもの失うもの」「尖閣諸島は誰のもの」「原発ビジネス」「アジア開発銀行（Asian Development Bank：ADB）とアジアインフラ投資銀行（Asian Infrastructure Investment Bank：AIIB）」など。古くて新しいテーマとして「慰安婦の政治的問題」「北方領土の解決法」「沖縄の基地問題」など。テーマの多様性だけでなく、切り口もまた面白い。学生たちはグループ内で手分けして情報を集め、それらを検証しつなぎ合わせ、当該問題について理解を深めていく。そして、自分たちなりの判断を持てるまでとことんディスカッションする。驚くべきは、ここまでの作業は授業外である。最後に、でき上がったプレゼンテーションを授業内で他のグループへ発表し、ディスカッションする。そして、聴いていた他グループの学生たちから評価を得る。その評価は授業後すぐに名前を伏せて発表者に開示される。

　この講義は、授業外での自主的な調査分析が大きな部分を占め、学生にとって負担が非常に大きい。しかし、これまで5年間続けてきたなかで、学生による授業評価は5点満点中ほぼ5点。その理由は、これまで信じて疑いもしなかった教科書や大手マスメディアから報道される内容が、実は必ずしも中立で完全無欠な真実とはいえないという発見、そして自ら謎解きをする探究、これらまさに自ら問い学ぶ「学問」の喜びに気づくからである。本来、青年期にある学生は好奇心が旺盛な若者たちである。それを目覚めさせる工夫ができれば受講学生の意欲は高くなる。連日深夜まで分析に没頭し、中には卒論に近いレベルの発表をするグループもある。プレゼンテーションを聴く我々教員も楽しみな密度の濃い授業となっている。

[参考文献]

B.S. ブルーム、1973、『教育評価法ハンドブック——教科学習の形成的評価と統括的評価』、第一法規出版。

4 論理的思考

「プロジェクトマネジメント」

なぜ論理思考を鍛える必要があるのか

異文化社会で生活しながら仕事をするためには、コミュニケーションが重要であるが、日本国内におけるコミュニケーションと何が違うのか。それは、背景となる社会、習慣、文化、常識などが異なるため、わからないことが前提になるというポイントである。まずは話さなければ何も始まらない状況下、言語というツールの重要度を思い知らされる。しかし、言語ができれば万能という訳でもない。特に、仕事となれば、言語に長けているだけでは事は進まないことが多い。それは、正確な説明、理解や説得には、「論理」が不可欠だからである。

お互いにわかっているところからスタートできるのが当たり前の日本国内で生きてきた者にとっては、日常的に「論理的」に考え、話すという場はとても限られている。だから、論理的思考力が育たない。実は、これが外国人と議論することができない日本人の弱点そのものなのである。

加えて、国際協力のために世界へ出てボランティア活動をしたいと考える者にとって、論理思考が必須と

Project Cycle Management ワークショップ

なる理由がある。それは世界中で展開されているほぼすべての国際協力プロジェクトが、世界共通のロジカルフレームという論理思考ツールで管理運営（プロジェクトマネジメント）されているからだ。「国連ユースボランティア」の選考インタビューでも、「プロジェクトマネジメントの知識はあるか」としばしば質問される。「No」と答えるほかないなら、合格は難しい。

プロジェクトマネジメント手法

　本授業では、国際協力の現場でプロジェクトを企画し、運営し、評価も行う開発コンサルタントのプロを講師とし、プロジェクトマネジメントの手法をワークショップ形式で習得する。この手法はプロジェクト・サイクル・マネジメント（Project Cycle Management：PCM）と呼ばれ、現状における問題を特定して問題の原因を分析し、解決策を探り、その実行計画をプロジェクトとして形成する、問題解決型の戦略的なアプローチをとる。国際協力の分野で広く用いられているプロジェクトマネジメント手法である。

　受講生は、この手法を知識として理解するだけでなく、実際に参加型ワークショップを実施し、プロジェクトの形成立案を到達目標とする。

　この手法は、次の6つの段階に分かれている。

1) 関係者分析

　解決すべき社会問題を取り巻くステイクホルダーとして、どういう人や集団、組織があるかをカードに書き出し、検討する。

2) 問題分析

　問題となる事象を根本的な原因が明らかになるまで一つずつカードに書き出し、因果関係を分析する。

3) 目的分析

　問題分析に出てきた全てのカードに対し、どういう状態に改善することができるのかを個別にカードに書き出し、可能性を検討する。

4) プロジェクトの選択

妥当性、有効性、効率性などの観点からどのようなプロジェクトが選択できるかを検討する。

5) ロジカルフレーム作成

プロジェクトの概要を、プロジェクトの「投入」「活動」「成果」「目標」「上位目標」と整理し、評価のための達成指標も検討する。

6) 活動実施計画作成

ロジカルフレームはあくまでプロジェクトの概要なので、実際の活動計画を時系列に作成する。

これらのすべての作業は論理でつながっている。例えば、ある地域の小学校の卒業者が少ないという問題があるとしよう。

「なぜ卒業者が少ないのか」→「退学者が多いから」

「なぜ退学者が多いのか」→「勉強についていけないから」

「なぜ勉強についていけないのか」→「教員の教え方が悪いから」

「なぜ……」という具合に分析が進む。

プロジェクトマネジメントのワークショップを集中的に3日4日と行うと、普段論理的に物事を突き詰めて考える習慣のない学生は「頭が疲労困憊」と口々にいう。しかし、論理がすっきり通った完成品を作り上げられたときの達成感は大きく、「今度は自分のプロジェクトを立案したい！」と目を輝かせる。

5 国際的専門知識

「教育開発論」

社会の最重要テーマである「教育」

人が社会を形成していくとき、その維持と発展に不可欠なセクターとして保健と教育が挙げられよう。特に、人類の発展における教育の重要性は明白で、国際社会の発展においても、教育は最重要テーマである。

そのことを改めて世に示したのが第二次大戦後、1948年に第3回国際連合総会で採択された世界人権宣言である。すべての人民とすべての国が達成すべき基本的人権についての宣言で、教育を受ける権利が明記された。

教育の重要性は近年さらに注目され、1990年、ジョムティエン（タイ）において、国連教育科学文化機関（United Nations Educational, Scientific, and Cultural Organization：UNESCO）、国連児童基金（UNICEF）、世界銀行（World Bank）、国連開発計画（UNDP）の主催により「万人のための教育（Education for All：EFA）世界会議」が開催され、初等教育の普遍化、教育の場における男女の就学差の是正などを目標に掲げた「万人のための教育宣言」が決議された。

そして、2000年にニューヨークで開催された「国連ミレニアム・サミット」において採択された国連ミレニアム宣言と、1990年代に開催された主要な国際会議やサミットで採択された国際開発目標を統合し、一つの共通の枠組みとして、ミレニアム開発目標（MDGs）がまとめられた。その中の中心的な柱の一つとして教育が取り上げられている。

国際社会へ出て行こうとする学生にとって、教育を通じた個人の発達、社会・国家の発展は避けては通れない重要なテーマである。そこで、教育を通じた社会開発について、より実践的な視点から学んでいく。

事例から学ぶリアルな授業

「教育開発論」の講義では、国の発展に対する教育の意義、持つ力を理解し、受講生が教育を通して社会や国家に貢献していくための知識を身に着けることを到達目標とする。指導する教員として最もこだわりを持ったのは、他では学べない、図書館にこもって図書にかじりついても補完できない、この講義に出席しなければ学べない、そういう内容を提供すること

である。レベル的には修士課程の学生にも十分歯ごたえのあるものを目指した。

それゆえに、本講義では教員自身が長きにわたり従事してきた国際教育協力の実践経験と海外調査フィールドワークの知見を踏まえて講義を組んだ。全体は、1) 途上国の教育事情、2) 日本の教育経験、3) 世界の教育協力の潮流、4) 教育プロジェクトの形成、運営・モニタリング、評価、そして、5) 教育プロジェクトの実情、という流れで行う。

1) 途上国の教育事情

世界でも稀な縦断的な調査手法による最新の研究成果を通して、途上国の子どもたちの修学実態を具体的に提示する。また、教室内での授業、教員の指導能力、学校のマネジメントなどについての研究成果にも触れていく。

2) 日本の教育経験

日本は、近代史の中で二度までも国家の開発に成功した国と認められており、その要因は教育にあると考えられている。わずか140年前までは途上国と同様であった日本における教育開発の経過分析は、途上国への教育開発を考える際、非常に重要な参考事例となる。

3) 世界の教育協力の潮流

社会発展と教育の関係を巡っては、経済発展のための人材育成という考え方から、教育を受けることそのものを人権の一部とする考え方まで変遷があり、それに沿って展開されてきた国際教育協力を概観する。

4) 教育プロジェクトの形成、運営・モニタリング、評価

調査結果に基づいた綿密なプロジェクトデザインを、参加型手法にて被援助側と企画・立案し、運営、モニタリング・評価まで実施。その詳細を中米ホンジュラスでの「算数指導力向上プロジェクト」の実体験をベースに講義する。

5) 教育プロジェクトの実情

ボリビアやミャンマーなどで行われた日本の教育支援事業について分析。プラスの側面だけでなく、失敗の事例や悪影響を与えてしまったケー

スなども伝えることで、協力の難しさをも学ぶ。

　また、授業の最後には、世界の教育開発分野に携わりたいと考える学生に対して、さまざまな立場から本分野へのかかわり方を紹介する。そして、必要となり得るキャリアパスについて、国際機関に所属する講師の例などを提示しながら、卒業後の進路についてアドバイスする。この授業を通じて、途上国の教育問題に関心を持ち、将来、教育分野で活動することを目指す学生もいる。

「International Politics & Economy」

年間150ヵ国・1万人の研修生が集うJICA関西

　関学西宮上ケ原キャンパスから電車で30分ほどの神戸市内に、国際協力機構（JICA）の国内機関、JICA関西がある。JICAが全国に14ヵ所持つ国内拠点の一つである。JICA関西は、自治体や非政府組織（NGO）、大学などの教育機関と連携して地域の人々に国際協力への理解や参加を促すとともに、世界各国から来日するJICA研修員の研修を実施・運営している。アフリカや中南米、アジアなど主に途上国から来日する研修員は、年間約150ヵ国・1万人以上にのぼる。彼らは、研修で日本の政治や経済、歴史、文化などの基本的背景と、防災や建築、ものづくり、衛生管理といった専門的な内容を深く学び、母国の発展や成長に役立てている。国や自治体の行政官、教育機関の職員など、国の政策や地域の発展を担い、国づくりの中核となる重要な役職に就いている研修員が多く、研修の目的に応じて滞在は数週間から数年にわたる。

　「これだけたくさんの国の人が一ヵ所に集まる機関はなく、彼らと接することで学生の成長につなげられないか」。それが、「International Politics & Economy」の講座を始める動機となった。

　10から20人の少人数制で、目玉は学生が4回程度JICA関西に出向き、

土曜日の9時から3時間通して研修員（通常は2ヵ国から2人の研修員）に直接、途上国の現状を聞き、対話する「現場型」の体験講義。途上国について真に理解を深めるため、事前にJICA関西や開発途上国の現状、講義を担当してくれるJICA研修員の専門領域や国について調べ、質問を用意しておくことも重要視している。研修員の選定、日程調整、講義室の確保などはJICA関西の理解と協力を得て実施している。

研修員とのディスカッションはすべて英語で実施される。しかし、目的は英語を流暢に話すことではなく、しっかりとした中身のある言葉を自分で考えて発信できるようになること。英語を母国語としない途上国の人たちと直にコミュニケーションすることで、「実践英語（universal language）」の習得を目指す。

「生の声」を聞く対話形式の講座

2013年から始まったこの講座では、これまでアフガニスタンやハイチ、キューバ、フィリピン、ネパール、東ティモール、メキシコ、ブラジル、ジャマイカ、ホンジュラス、グアテマラ、イラン、タンザニア、ケニア、レソト、ガーナ、ウガンダ、ルワンダ、フィジーなど30ヵ国以上のJICA研修員から各国の事情や課題を聞いてきた。ディベートではなく、真に途上国の様子を理解してもらうため、研修員と学生が楽しく会話できる雰囲気づくりにも配慮している。また、事前に調べた本や資料には書かれていないようなデリケートな話題で盛り上がることもある。政治や宗教、ジェンダー、差別に対する意見など、話題には制限を設けていない。研修員個人の「生の声」が聞けることで、学生にとって遠かった国の存在がぐっと身近になる。

参加した学生たちは、「ニュースやテレビで見た情報だけが真実ではないと知った」「知らなかった世界が身近になった」など、たくさんの刺激を受けて、世界の多様性を学ぶ面白さに魅了されていく。また、英語による授業ならではの感想として、「英語をきれいに話すことばかり考えるのではなく、伝えたいことをしっかり話す中身の重要性を認識した」「なま

りのある英語を聞き取る訓練になった」など、世界の共通語である「英語」を使ったコミュニケーションの意味を見出していた。

また、授業が終わった後には、研修員と昼食を食べながら、ざっくばらんな対話が続くことが普通である。日本の学生たちと触れ合う時間を楽しみにしてくれる研修員もいて、授業終了後に各国の特産品などプレゼントを手渡してくれる場面も。日本では出会う機会の少ない途上国の研修員と心を通わせながら、「いつかあなたの国に行ってみたい」と学生たちは目を輝かせている。

「国際平和構築論」

紛争や平和を多角的にとらえる視点を

日本で生活していると平和のありがたさを身に染みて実感する機会が少ない。しかし、テレビや新聞などのメディアには、毎日のように世界の紛争やテロの映像が流れてくる。授業担当者が国際協力機構（JICA）の職員として長期赴任したアフガニスタンや業務で携わったイラク、南スーダンなどの国々は、内戦やテロで爆撃されて荒廃し、今も紛争の最中、または復興途上にある。グローバルに世界を俯瞰するとまだまだ紛争の問題は解決していないのだ。こうした世界の現状に対し、先進国をはじめとする国際社会は平和構築のためのさまざまな支援を続けてきた。

2014年秋に始まった「国際平和構築論」では、現代世界の紛争について伝えるとともに国際社会や日本が実施してきた支援の事例を交えながら、多様な角度から平和構築について考えている。講義の中で特に重視しているのは、学生に語りかけ、自分の頭で考えさせること。「紛争」という日本の学生にとっては全く実感が湧かないトピックに関心を持たせ、現実の姿を理解してもらうために、担当者自身が経験してきたアフガニスタンやスーダン、イラク、シエラレオネなどでの支援の事例から、写真や資料を見せながら生々しい現実を紹介する。また、単に事例を紹介するだけ

ではなく平和構築の理論を教え、「理論」と「実際」のギャップについて学生に問いかけるのが特徴である。「平和」とは何か、そのために「必要な支援は何か」、どうしたら「現実に実行できるのか」を学生に大いに考えさせる講義である。

　例えば、授業担当者は2002年に日本政府が派遣した第1回経済協力調査団の一員としてアフガニスタンに入り、調査後もインフラ案件の形成や物資供与などで度々訪れ、2011年からはアフガニスタン事務所長として現地に赴任した。アフガニスタン支援の初期段階は、学校や病院の建設、市街道路の整備など、インフラ整備や医療・教育などの物資支援やソフト支援を中心とした開発を実施することで、緊急ニーズに対応し即効性の高い効果を挙げた。また、その後も農業・農村開発や首都圏のインフラ整備などを続け、民生支援を中心に10年以上着実に活動してきた。そんな日本へのアフガニスタン人からの信頼は絶大なるものがあったが、一方、現場の実態はきれいなことばかりではない。疲労や細菌性の下痢などで体調を崩すメンバーも多く、精神的にもタフでなくては業務を行えない。またインフラ整備にあたっては工期に間に合わせたり、現地の人々の雇用につながる支援を実施するかは、一筋縄ではいかない。対立する事象をいかに乗り越えるのかを学生と改めて考えている。

自ら調べプレゼンする過程で変わっていく学生たち

　「国際平和構築論」では、紛争が起きてしまう原因や紛争を予防するためにできることについて、現場で身をもって体感してきた事例を紹介しつつ、学生たちには実際に世界で起きている紛争や支援の事例をグループで調べてまとめ、プレゼンテーションする時間を多くとっている。学生が選ぶ紛争や内戦の事例は、中東からアフリカ、中南米まで多様で、それに対する支援活動の難しさや問題解決の方法まで考えている。そして、最終講義までには、平和構築支援のあるべき姿を議論できるようになることが目標である。

　また、毎回の講義やディスカッションの後には、当日の学びを小テスト

として振り返る。毎回のテストを負担に感じる学生もいるようだが、1時間半の授業に対する理解を自分の言葉でまとめる作業が控えていることで、学生たちの集中力は大きく違ってくる。

参加した学生には、「飽きない講義」「現場の実態が理解できる」と評判だ。自ら調べてまとめ、発信する取り組みを経た学生たちは、「紛争には先進国や周辺国が影響を与えていることもあり、他人事ではないと感じた」「日本にこそできる復興支援の形があることがわかった」などと話し、世界の紛争地域に想いを馳せるようになる。

「国際環境論」

幅広い環境問題の全体像をつかむ

グローバル人材を育てるために、欠かすことのできないテーマがある。それは、「教育」や「平和」に加え、世界の「環境」の問題である。

2014年春からスタートした「国際環境論」では、途上国で生じているさまざまな環境問題の内容やその原因について理解し、日本をはじめとする各国の支援の取り組みや実践的な解決策について探ることを目指している。また、途上国を含む気候変動問題など地球規模の環境問題について理解を深めることをも目標としている。

しかし、「環境」と一口にいっても、その概念は幅広い。水や大気、防災、生物多様性、再生エネルギーなど多様だ。そこで、全14回の講義では、途上国における環境問題の背景にある共通課題として「貧困」について、まず大枠を理解させる。2回目以降は、途上国で問題となっている「水質汚染」「大気汚染」「廃棄物」の課題事例を紹介、自然災害への対応や気候変動対策の概観も伝える。後半には、地球温暖化対策の取り組みとして、地域の事情に即した防災まちづくりなどを目指す「緩和策」と、一人ひとりが低炭素・省資源社会の実現を目指す「適応策」という二つの考え方とその事例を紹介する。途上国の財政上、人材上、組織上の脆弱性を理解し

た上でさまざまな環境の問題に対する現実的な対応策をより広く考察できるよう「環境経済学の概念（入門レベル）」を含む多角的な視点の習得も目標としている。特に本講義では「環境の価値」も大いに学生に考えてもらう。

理論と実践の間にあるギャップを知る

途上国の環境保全と持続的な開発を両立させるために、日本は分野横断的かつ総合的な取り組みを重視してきた。そうした事例を紹介することで、理論だけでなく、理論と実践の間にあるギャップについても説明する。また、ギャップを示すだけでなく、いかにそのギャップを埋めるのかを学生と改めて考える講義である。

「経済の成長を優先する途上国の人たちに環境問題に関心を持ってもらうにはどう働きかけたら良いと思う？」「日本ではどうやって環境問題を克服してきたか知っている？」授業では、学生への問いかけを繰り返すことを意識している。語りかけることで、環境の問題を自分事として考えてもらいたいからだ。

また、学生には自分の言葉で話す力を身に着けさせるため、プレゼンテーションの時間を設けている。学部横断的に参加する学生たちが選ぶテーマはさまざまだが、身近なゴミ問題やリサイクルの課題を発表する学生が多く、水や自然エネルギー、防災などについて学ぶケースもある。環境の定義を広く扱っているので学生には毎回新鮮な課題が与えられ、「環境」に対する興味が継続する講義となっている。

多様で複雑な「環境」をテーマにした「国際環境論」の講義を通じて、地球規模のスケールの大きな課題をどう解決していけるか、学生と一緒に考えていく授業を目指している。

6 海外ハンズオンプログラム

「国連セミナー」

国連で働く先輩に会いにいく

「国連で働きたい」「国際協力について知りたい」「世界を舞台に活躍したい」。「国連セミナー」は、国際機関や外務省、国際協力機構（JICA）、非政府組織（NGO）など、国際協力の仕事に関心がある学生に向けて実施されるプログラムで、夏季休暇期間中の約10日間、ニューヨークの国連本部を訪問する。そして、国連職員や国連日本政府代表部職員による講義やディスカッションを通して、平和構築における国家や国際機関、政府、NGO、市民の役割について理解を深める。

参加学生は、毎回約20人で関学の学部2年生以上または大学院生が参加できる。英語で行われる講演などを理解できる語学力が求められるが、春学期中に5回程度実施される事前研修会を通じて、英語での発表やディスカッションも経験することができる。引率するのは国連や国際協力の世界を経験した教員が担当することが多い。

「国連セミナー」の一番の魅力は、卒業生や関学のネットワークにより、地球規模で活躍する国連本部の職員たちに講師協力を得て実施されていることである。国連事務次長や国連日本政府代表部大使などをはじめとする、外交の最前線や開発の現場などの第一線で活躍している人から直接話を聞くことができる。2013年からは高須幸雄国連事務次長が関学の学生20人のためだけに講師を務めて下さっている。穏やかな笑顔と熱のこもった講話に、真剣に聞き入る学生たちの姿が印象的だ。

「国連セミナー」のプログラムづくりは、まず、教員が今日的なテーマを設定する。ここ数年はポストミレニアム開発目標（MDGs）に関連した

テーマが多く学生たちは事前に下調べし、英語での講義に備えるとともに、講師への質問事項を準備する。テーマに関連した講義に加え、国連そのものを理解するためのセッションや国連職員になるためのキャリア形成に関するトピックもある。国連をさまざまな角度から知ることができる機会となるようプログラムを設定する。

　次に職員が中心となり、テーマに基づき20人を超える講師との調整を行う。時差のため、電話での調整が簡単でなく、150通にも上るメールでアレンジする。国際連合広報局（United Nations Department of Public Information：UNDPI）も長年の付き合いから、毎夏の関学訪問を待ち構えてくれている。国連本部内の部屋を貸し出し、国連主催のイベントに招待してくれることもある。しかし、テーマによっては関学ネットワークでコンタクトすることができない講師や国連機関がある。その場合は、メールやファックスで正面から依頼をする。少し時間はかかるが、やはり、そこは国連機関の本部。加盟国の学生のために、講師を派遣してくれることがほとんどである。多忙な国連職員がここまで学生のために協力してくれる姿が、学生に大きなインパクトを与える。

　世界をよりよくするために、地道に次の世代を担う学生に訴えかける講師たち。緊急会議のために講義の開始が遅れることもある。数時間前のミーティングでの話題を少し披露してくれる講師もいる。リアルタイムの国連を、そして世界情勢を体感する。

　これまでに参加した学生数は340人以上。華やかなニューヨークの街を見て、「こんな綺麗なところに途上国の開発や世界の平和を目指す国連本部があるなんて」と驚くとともに、多様な価値観を持つ人たちが切磋琢磨しながら共通の目標に向かって議論する姿を垣間見て、国連の役割について理解を深めていく。何より関学を卒業した先輩たちから、初めて貧困を目の当たりにしたときの驚きや挫折の経験を聞くことで、それまで遠い存在だった「国連で働くすごい人たち」が身近になる。そして、彼らにも学生時代があり、高い志を持ち、経験を積んでいけば、夢に近づくことができると考えられるようになるのだ。

「国連セミナー」に参加した学生たちは、「世界平和という大きな目標に向けて世界中の人が一緒に働くところが国連だと聞き、感銘を受けた」「たった2週間でも国連の希望と限界を垣間見て自分なりに国際社会について考えた」など、大きな影響を受けて帰国する。「国連セミナー」参加後に、「国連ユースボランティア」や「国際社会貢献活動」に参加する学生も多く、途上国や国際協力の世界を知るための一歩として本セミナーが位置付けられている。そして、過去の参加者の中には国連や外務省、JICA、国際NGOなどで、現在活躍する者もいる。

「世界市民」になるための一歩

「国連セミナー」は1997年に「国連研修ツアー」としてスタートした。総合政策学部の1期生たちが、「国連本部に行ってみたい」と訴えたのが「国連セミナー」開始のきっかけとなった。当初から総合政策学部だけでなく全学部生や大学院生に開かれ、2006年度まで教員2人の引率体制で実施されてきた。

2000年には、学生が加盟国に成り代わって議論する「模擬国連」が国連総会議場で開かれ、関学の「国連セミナー」参加者が唯一、日本の学生として参加したケースもある。2014年には、潘基文国連事務総長やノーベル平和賞を受賞したマララ・ユスフザイさんとの公開対談に同席する機会もあった。このイベントには世界中の若者が参加し、世界の最前線で活躍する人たちと直接、意見を交換する機会にもなった。学生たちは、同世代の参加者が物怖じせず自らの意見を積極的に主張する姿に、自分たちとの差を感じた。そして、世界の現実を目の当たりにし、学生たちの「もっと勉強して、世界を舞台に働きたい、"Mastery for Service"（奉仕のための練達）を実践したい」というモチベーションはさらに高まった。

他大学に先駆けてスタートした関学の「国連セミナー」は、大学院生の参加にも耐えうるほどレベルの高い内容となっている。その証拠に、日本学生支援機構の海外留学支援制度において他大学のモデルとなる質の高いプログラムとして評価を得ている。

あくまで世界市民になるための一歩としての「国連セミナー」だが、日本が将来どんな貢献をすべきかを考え、自身の生き方をも考える貴重な人材育成の場となっている。「世界で活躍できる若者を育成したい」。そんな教職員たちの思いとともに始まった「国連セミナー」は、多くの人々に支えられ、学生たちがダイナミックな国際社会に触れ生きる道を考える、「世界市民」となるための登竜門となっている。

「インドネシア交流セミナー」

国際交流プログラムの原点

関学で最も古い国際交流プログラムとして、関学のグローバル人材育成の礎を築いてきた事業がある。1977年にインドネシアのサティヤ・ワチャナ・キリスト教大学との間で始まった「インドネシア交流セミナー」だ。現在では、東ティモールの東ティモール国立大学も含めて行われる夏期学生合同セミナーで、3大学間では「East Asia Student Encounter：EASE」の名称で呼ばれている。

2016年度で40回目を迎えるこのセミナーは、日本、インドネシア、東ティモールの学生がアジア・太平洋、そして世界の問題について共同で研究を行い、相互理解を深めることが目的。アジア人として多角的視野を持ち、将来、国際社会の未来を担う人材として成長することを目指している。

発足当初から、隔年で日本とインドネシアに開催地を移して実施し、現在は約2週間のプログラムとなっている。セミナー中は、フィールドワーク、ディスカッション、そしてお互いの文化・料理などを紹介し合う時間が多く設けられており、参加学生は、5月からセミナー開催に向けての準備を開始し、文化や料理の紹介にあたっては参加学生が主体となって企画、実施する。また、セミナー期間中は英語を使用するため、この準備期間中に英語のスキルアップを図っていく。

反日運動と福田ドクトリン、そして「インドネシア交流セミナー」

インドネシアのサティヤ・ワチャナ・キリスト教大学との間で「インドネシア交流セミナー」が始まった1977年は、日本の東南アジア外交三原則を示す「福田ドクトリン」が出された年だ。当時の福田赳夫総理が訪問先のフィリピンで宣言した「福田ドクトリン」は、かつての軍国主義への反省と東南アジア諸国連合（Association of Southeast Asian Nations：ASEAN）との関係構築の強化について表明したもの。背景には、先の大戦に対する東南アジア各国からの反日感情の高まりがあった。1974年に田中角栄首相が東南アジアを訪問した際には、インドネシアやタイで反日暴動が起きたため、日本はASEANにとって初の「対話国」としての協力関係をスタートさせた。

「民間レベルでの交流も必要だ」。そんな思いから、両大学の教員によって始められた「インドネシア交流セミナー」は、まず1977年にインドネシアで実施され、翌年に日本で開催。机上のディスカッションや交流だけでなく、バリ島の開発や北海道夕張市の農家実習に携わるなど、ワークキャンプを含んでいた。同じアジアの学生が寝食をともにしながら共同研究や作業をすることで、感動や共感、そして友情を分かち合うのが目的で、その理念は今も変わらない。

参加した学生の多くは、「わずか数週間のプログラムだが、その後の人生を変える貴重な時間になった」「卒業後もインドネシアとの交流を続けたい」と、大きな影響を受けている。

存続の危機を乗り越えて

「関学の大学交流ピンチ」——1998年5月、全国紙の新聞紙面に、20年以上続いてきた関学の「インドネシア交流セミナー」が存続の危機に立たされているとの記事が掲載された。この年はインドネシアから学生がやってくる年だったが、現地の通貨ルピアが暴落し、来日そのものが危ぶまれた。そこで、かつてセミナーを体験した同窓生が資金カンパに乗り出し、日程を3週間から2週間に短縮して開催するにいたった。こうした政

情の急変で窮地に立たされることもあった交流セミナーだが、そのたびに「アジアの将来を語り合う機会をなくしてはいけない」と卒業生らによって救われてきた。こうした熱い絆で結ばれている同窓生は現在426人にのぼる。

また、このセミナーを基盤に、さまざまな新しいプログラムも生まれた。例えば、2007年には、サティヤ・ワチャナ・キリスト教大学と「ダブルディグリー・プログラム※」に関する協定を締結し、計2年半でサティヤ・ワチャナ・キリスト教大学と関学大学院理工学研究科の、両大学で修士号を取得することが可能となった。これは、インドネシア政府がナノテクノロジーなど特定の9分野に関して優秀な人材を育成するため、新たな教育振興施策として開始した「PICCプログラム」（インドネシア共和国若手研究者育成奨学生制度）の一環で実施され、関学では毎年3人、これまでに16人を養成してきた。また、サティヤ・ワチャナ・キリスト教大学は、関学の「国際社会貢献活動」プログラムの学生派遣先の一つにもなっており、参加学生には約5ヵ月にわたって小学校や高校などで日本語や日本文化紹介の仕事をする機会が用意されている。

これまでのセミナー参加者の中には、その後、世界を舞台に活躍し、アジアの平和や発展に役立つ活動を続けている人材も多い。世界中で活躍する人たちのネットワークも生まれており、そのエネルギーは国や組織の壁を超えて、人と人との「対等な関係」を生み出している。

「海外フィールドワーク」

導入的学びの機会

「海外フィールドワーク」は、主に1年生をターゲットとして、「国際ボランティア」に関心のある学生が、導入的学びを深めるための短期研修

※関学在学中に海外の協定校に1年から2年半留学し、正規カリキュラムを履修して関学と提携校の2つの学位を取得するもの。

プログラムとして位置付けられているものである。プログラム自体は約10日間と短く、途上国を訪れるのが初めてという学生でも比較的気軽に参加できる。通常、夏休みはマレーシア、春休みはベトナムで実施している。

現地での調査活動に重きを置いているため、調査対象者への訪問インタビューを通じて、実践的なフィールド調査の手法を身に着けることもできる。またグループワークやプレゼンテーションの機会が豊富に設けられており、仲間とともに試行錯誤、失敗を繰り返しながらもそれぞれの担当責務を全うすることで経験と自信を得ていくことにもなる。

事前研修、インタビュー、そして振り返りの時間

派遣前には大学内で5、6回の事前研修が実施され、歴史や文化、政治経済、政策といった対象国の概要を調べるとともに、調査テーマを決めて現地で実際に行うインタビューの内容を作成すべく、グループワークを主体とした準備を行う。

その上で、実際のフィールドでの調査は「生活や文化」「教育や医療サービス」「環境保全と開発」「マイクロファイナンス（小規模金融）」「日本企業の進出」など、それぞれのテーマに基づいて実施される。首都から離れた農村などに出向き、農家や保健所、学校、孤児院などを視察し、関係者の話に真摯に耳を傾け、途上国の人々が直面している問題に向き合う。日系の企業を訪れ、海外で活躍する日本人の存在や海外と日本のつながりを再確認することもある。

また、現地ではインタビューなどを通じて見聞きしたことについて、毎日「振り返り」の時間が設けられており、その日1日の各人の学びについて共有し合う。個々にレポートをまとめるだけでなく、相互に思いや意見を交換し合うことで新たな発見に気づくことができ、影響を与え合うことができるのだ。また、現地の人々への聞き取り方法の良かった点や悪かった点をお互いに指摘し合い、翌日以降のインタビューに活かすことも有意義な時間となっている。

現地の学生と密接にかかわる時間が設けられている点がこのフィールド

ワークのもう一つの特徴である。現地の学生たちとともに、現地の声を拾うべく、ともに汗を流す。交流会以外にも、インタビューに同行し、食事も一緒にとるなど、常に行動を共にすることで仲間意識も生まれて互いに触発されていく。そして、その過程で現地の学生の積極的な姿勢や英語力の高さに刺激を受ける日本の学生は少なくない。

プログラムの終盤には調査活動のまとめとして、活動全体を振り返りながら関係者に向けてプレゼンテーションを行う。前の晩は夜遅くまで互いに議論をぶつけ合い、熱気を帯びた学生たちの顔はまさに真剣そのものである。

学びのきっかけを体感

大学の4年間という時間は、社会に出る前の準備期間である。その1年目に、同じ大学内の意識の高い学生に出会えるきっかけになるのも、このフィールドワークに参加する魅力の一つだ。このフィールドワークに参加することで、新しい世界を知り、日本のことや自分自身のことについて考えるきっかけを得る。そして、自分の中の変化に気づくことでさらなる学びへの意欲を形成し、必ずや将来の選択肢も広がっていくことだろう。

7　自主研修

学習の場の提供と教員

学生が自然と集まる「部屋」の仕掛けづくり

「先生、この間の授業でわからないところがありました」「国際協力にかかわるインターンをやってみたいのですが」「国連で働いた先輩に会いに来ました」「みんなで勉強会を開かせてください」「将来何をすれば良い

のか悩んでいます」──関学には、学生たちがこぞって集まる「スタディルーム」と呼ばれる部屋が複数ある。そこには授業期間中・休暇中に関係なく常時、各部屋に教員が1人いる。正式には「実践型"世界市民"育成プログラムコース学習ルーム」。大学教員の研究室と呼ばれる部屋とは別に設けられた学生の自主的な勉強や相談の場、語らいの場がスタディルームにあたり、授業期間中には、1部屋あたり月に延べ200人以上が利用している。休暇中でも100人以上が利用している。

　常に開かれたスタディルームでは、学生が教員に学習や将来の進路に関する相談をしたり、学生同士が情報交換したり、時には自主的な勉強会や読書会が開かれる。プレゼンテーションの練習や面接試験の準備をし合う場面も見られる。学生にとっての最大の特徴は、「ここに来れば何でも相談できる教員がいて、頼れる先輩、刺激し合える仲間がいる」ということだ。

　スタディルームを通じて、学生はどのように成長していくのか。

　「なんだか面白そう」。ある学生は、1年生のとき、このスタディルームの前の壁に貼られている「国際社会貢献活動」のポスターに関心を持ったが、どうやって入り込むか、少し躊躇していた。そこで教員がすかさず、「興味あるの？」「将来何がしたいの？」と問いかける。すると気恥ずかしそうにしていた彼女から、迷いや悩みが出てくる。そして、そこにやってきた先輩に自己紹介し、「それならこうしたら良いよ」とアドバイスを受けながら、自然と輪ができていく。

　関学の国際教育プログラムには、1年次から「海外フィールドワーク」や「国連セミナー」、留学といったさまざまな学生支援プログラムがあるが、それらをばらばらに受講したり一人で参加するだけでは、体系的な学びの実現が難しい。そこで、関学のプログラムを通じて世界各国へ飛び立ち学んだ経験を持つ学生が、帰国後、このスタディルームで世界の深刻な課題を共有したり、経験を語ることで互いに学び合っているのだ。海外に出て疑問に思ったことや不安に感じたことを語って共有することで仲間意識も生まれる。

　スタディルームには多様な専門分野の学生が学部横断的に、かつ学年も

異なる学生がアクセスするため、それまで聞いたこともなかった経験談を聞いたりして情報が得られ、その過程で自身の思考領域の狭さに気づき、広い視野で学生生活を俯瞰できるようになる。そして、早いうちに自分の実力を知ることができれば、具体的な目標が見え、学ぶべき方向性がイメージしやすくなる。

放っておかない　丁寧に向き合う

　学生の学習の場として、近年、各大学にはこのような学内学級スペースが増えている。しかし、真に学生を育てるスタディルームとして機能するためには、ただ部屋を用意するだけでは意味がない。他にはない関学の「スタディルーム」のもう一つの特徴は、常に学生を受け入れる体勢にある教員の存在だ。大学には、学生に対する「教育」と、社会の多様な問題について「研究」する役割があるが、スタディルームには、教育に人生をかけた教員たちの思いが詰まっているといっても過言ではない。

　「学生を鍛え上げる」。それが、関学の「国際ボランティア」プログラムにかかわる教員たちの共通意識だ。学生を預かった以上、幅広い教養を持った人材を育て、卒業後も真に実践的に活躍できる社会人を送り出すことが教員に課せられたミッションととらえている。そのための自主学習の場としてスタディルームがあり、学生が集まるスペースや図書、視聴覚機器などの学習環境はいつでも整っており、質問にはすぐに応え、考えさせる時間を与えている。

　大学での学習をはじめ、就職活動や人生について学生はたくさんの悩みを感じながら日々を暮らしている。「誰かに相談したい」、そう悩む学生は多い。大学には縦割のさまざまな支援・指導体制があるのだが、それらを有効に活用するのは容易ではない。このスタディルームでは、異なる観点から縦割りでばらばらに指導をするのではなく、一人の教員が多くの相談に適宜対応することでより効果的な支援を生み出している。指導にはタイミングが重要だ。もっと早く相談に来てくれればという経験もある。一方、「そこまで教員や学校側がやる必要があるのか」という声もなくはないが、

今の学生の多くは挫折経験がなく、壁もなく、また親に叱られた経験も少ない。寄り添って面倒を見る気持ちで、早いうちに自分自身を振り返り気づかせることは有効だ。

厳しく指導するなかで、時には自分のいたらなさに気づき、泣きだしてしまう学生もいる。しかし、学生にはなるべく早く悩み、考えてもらい、将来を見据えた4年間の計画を作り、実施してもらいたい。入学後、個性を活かしながら学生をできるだけ伸ばすために支援することができるかが教員の責務である。学生には、社会に出る前に広く深い教養が必要であり、「旬」を逃さず学生の能力開発を行うことが求められている。

「やって見せ、言って聞かせて、させてみせ、ほめてやらねば、人は動かじ」(山本五十六)。そんな言葉があるとおり、手のかかる教育をいとわない丁寧な教育が重要である。一方、学生がある程度成長したあかつきには、学生を信じて彼らの自主性に任せる姿勢も不可欠だ。

グローバル化とは競争であり、競争に耐えられるタフさを醸成することが必要——この考えのもと、学生の能力を引き出すために、実践的な社会人材を送り出すために私たち教員が彼らと向き合う部屋が「スタディルーム」なのだ。学生にまさに、本学のモットーである"Mastery for Service"(奉仕のための練達)の実践をさせることが目標である。

スタディルームに集まっていた先輩と現役生との輪を通じて「ランバス(W.R. Lambuth 博士、関学の創立者)・クラブ」(仮称)が動き出した。単なるたまり場ではなく、和気あいあいとした輪を大切にする雰囲気を保ちつつ、これまで以上に力強い学習環境を創ることを目指す同窓会だ。一人では解決できそうもない世界の問題を教員や輪を通じた仲間と気軽に語り合い、解決の糸口にしていく「スタディルーム」の手法は、社会にあるさまざまな問題を解決していけるような大きな可能性をも秘めている。

8 プロジェクト実践

「Heart on Coin "絆" プロジェクト」

　さまざまな授業で準備を重ねてきた学生たちは、派遣の前に力試しの実践演習を行うこともある。以下に紹介する事例は、指導教員による自主勉強会から発展し、「国際ボランティア」派遣候補生と派遣経験者が力を合わせて実際に行ったボランティアプロジェクトである。東日本大震災という未曾有の津波被害を目の当たりにして、熱い心とクールな頭で、世界も巻き込み3年間発展させてきた実績は評価に値する。これもまた、グローバル人材育成に大きく貢献する教育実践として紹介したい。

「Heart on Coin "絆" プロジェクト」メンバー ——気持ちを届ける震災支援を

　2011年3月11日、東日本大震災により多くの人々が、家や家族、仕事、大切なものを失った。
　「自国で起こっている信じがたい出来事と自然の力の恐ろしさに強い衝撃を受けた」
　「厳しい寒さの中、ただ耐えて命をつないでいる人々を黙って見ていることはできない」
　「今度は自分たちが支えなければならない」
　今から20年前の阪神・淡路大震災で被害に遭い、国内外から多くの支援を得て復興を成し遂げた兵庫県西宮市の学生たちは、そんな気持ちにかられていた。そして、集まったのが関学の学生有志7人。震災の被害を受けた人々に何ができるのか、何が必要なのか。被災者の方々が失ったものの大きさや苦しみに比べると、学生が支援できる資金は本当にわずかなものである。だからといって、メッセージだけでは人々の空腹を満たすこ

とはできない。そこで彼らは、お金に気持ちを添えることで金額を超えた価値のある支援を行えないかと、震災から5日後の3月16日、「Heart on Coin "絆" プロジェクト」を始動した。

お金＋気持ちの支援をどう実践するか
　すぐにでも現場に駆けつけたいという衝動を抑え、彼らがまず行ったことは、大学の一室でボードとポストイット、マジックを手にした参加型のワークショップであった。そこで議論されたのは、次のようなことである。
①阪神・淡路大震災の教訓のレビュー
　　必要な支援は長期化するはず。記憶の風化が被災者を孤立させる。
②自分たちの強みや弱みの分析
　　行動力はある。しかし東北に長期滞在はできない。
③現場ニーズの把握
　　物品はかさばり、送料もかかり、仕分け作業も必要。現地経済も活性化させるお金の支援が有効。
④目標の設定と活動内容の決定
　　自分たちと同じ思いをしている人が世界中にいるはず。

　ヒントは、イギリスの大学に勤める非政府組織（NGO）メンバーからの報告にあった。昼食をとりに食堂を訪れた学生が、東北震災の様子を目にした。そこには、ひもじい思いのまま、ただ黙って体育館にうずくまる被災者の姿があった。その学生は、今自分には何もできないが、せめて自分もその思いを共有しようと、昼ご飯代を募金し、「がんばってください」とメッセージを残して立ち去った。
　お金に気持ちを添えることによって、金額を超えた想いが伝わるのではないか。遠隔地からではあるものの、困難に立ち向かっている被災地の人々とともに立ち向かい、彼らの心を奮い立たせることができるのではないか。そう考えた絆のメンバーは、「"心" と "心" をつなぐ顔の見える支援」というプロジェクトコンセプトを作り上げた。Webサイトや街頭での呼び

かけに応じて国内外から送られてきたメッセージとお金を被災地の小・中学校などへ送る。被災地からも支援者に対してメッセージの返信をもらい、Webサイト上で支援先の様子や被災者からのメッセージを公開し、報告する。これは、支援者の"心"をメッセージとして届けることで被災者の方々の心の支えとなり、つながりを持つのが目的だ。さらに、Webなどで報告を見た人々から新たな支援の輪を広げ、相手の顔が見える支援とすることで活動の低化を防ぎ、継続的な支援を行っていこうとするものである。

プロジェクトのデザインとしては、メッセージ付きの義援金で被災者の気持ちを奮い立たせること（プロジェクト目標）→被災者と支援者の間に人的ネットワークを構築すること（上位目標）→復興を成し遂げること（スーパーゴール）という3段階の計画を立てた。プロジェクト目標を達成するための活動は、災害後のニーズが短期間で変化すること、学生自身のライフスタイルも変わりやすいことを考慮して、3ヵ月を一つのタームとし翌2012年3月31日までの1年間を上記プロジェクト目標の達成に向けて活動を行う第1フェーズとした。そして、タームごとに目標を定め、活動を行った。

プロジェクト立ち上げ時、第1タームの活動は、プロジェクトの基盤と東北地方のネットワーク構築を目標とし、Webサイトの開設、国内外からの支援の受け取り、義援金とメッセージを届けること、そしてマスメディアへの広報などを行うことだった。当時のプロジェクトメンバーであり、「国連ユースボランティア」でナミビア共和国に派遣されていた椎野佑梨は、「『今すぐ被災地へ赴き、泥かきなどのお手伝いをしたい』と思いつつ、私たちは関西に軸足を置いて活動していました。プロジェクトの成果がなかなか見えないなかでプロジェクトの基盤をつくることは、正直もどかしくもありましたが、自分にできることに全力を尽くしました」と振り返る。そして、計11回の被災地訪問や、モニタリング／評価を繰り返しながら、活動は第3フェーズ（2013年4月1日から2014年3月31日）まで継続し、第1フェーズで約424万円、第2フェーズで約266万円、第3フェーズで約126万円、合計約817万円の義援金を41ヵ国から、469通のメッセージ

とともに被災地に届けることができた。

プロジェクトマネジメントの実践

ノウハウや経験の少ない小さなNGOや学生ボランティアの活動では、気持ちが先行するあまり一人よがりの活動になったり、行き当たりばったりの継続性のない活動となり、当初の目標との乖離が甚だしくなるケースがままある。

被災地でヒアリングの様子

今回、学生たちが初めに行ったことは過去の教訓の振り返りであった。そして、学生としての特性をも分析し、現地のニーズにどうマッチした活動が可能か検討している。その上で、期間を区切り、着実に活動を積み上げ、成果に結びつけていった。計画、実施、評価の3つのプロセスの実践の結果である。その活動計画の作成過程で、彼らは大きなボードに意見を記載したポストイットを貼り付け、議論を進め、情報を視覚化し、「原因と結果」「手段と目的」といった関係を明確化し、論理的に活動計画を練っていったのである。

彼らがプロジェクトで用いたこの手法は、「プロジェクト・サイクル・マネジメント（PCM）」と呼ばれる手法である。現状の問題を特定し、その原因を分析し、問題の解決策を検討した上で、活動内容や期間、プロジェクトの活動計画を形成する問題解決型の戦略的なプロジェクトマネジメントの方法である。

「Heart on Coin "絆" プロジェクト」に参加したのは、大学で「プロジェクトマネジメント」の授業を受講し、「国連ユースボランティア」などのプログラムで途上国における実戦経験を積んできた者と、そうした先輩に続こうとする後輩学生たちであった。7人でスタートしたプロジェクトは、第3フェーズが終わるころには累計35人の学生の携わりを得て、「"心"と"心"をつなぐ顔の見える支援」の輪は世界中に広がっていった。彼らは、論理を積み重ねてプロジェクトマネジメントを継続することで、活動自体

を成長させてきた。そして、人と人の絆を作り出す仲介役となることで、自身に生まれた数多くの絆を通し人間的にも大きな成長を遂げた。

プロジェクトメンバーであり、「国連ユースボランティア」派遣生の齋藤未歩はこう振り返る。

震災支援に PCM 手法を活用する学生たち

「ニーズ調査のための被災地訪問や電話対応、プレゼンテーションを通じて教育関係者や社会人支援者の方々とかかわる機会が多くありました。そのため、信頼関係を構築しつつ、義務感や責任感を感じながらのプロジェクト運営はしんどい思いをすることが多かったです。しかし、このプロジェクトで身に着いたことが、一国連職員としてアフリカに派遣されて、さまざまな関係者と業務を遂行するにあたり大いに活かされたと思います。また、さまざまな課題を一人で解決しなければいけない場面で、論理的に考え打開策を模索する PCM 手法はとても役に立ちました。熱い心だけではなく冷静な頭を持たなければ、物事は思うようにはいきません。私自身がやりたいと思ったことを具現化するにはどうすれば良いのか。相手にどうすれば意図が伝わり、力を合わせることができるのか。チャレンジ精神や熱いモチベーションとともに、冷めた頭で考える。私はこのプロジェクトで実践的に鍛えられ、現地でもそれらを活かしてプログラムに参加することができました」。

講義や教科書だけでは得られない、こういった実践型学習は、多くの学生に経験してほしい学びである。

9 いざ世界の任地へ

「国連ユースボランティア」と「国際社会貢献活動」

5ヵ月間の長期派遣プログラム

　大学在学中に約5ヵ月間、国連事務所、青年海外協力隊、赤十字国際委員会（ICRC）をはじめ、非政府組織（NGO）や教育機関の一員として、与えられた任務を全うする――関学「実践型"世界市民"育成プログラム」の核、「国際ボランティア」は、学生のうちに国際協力の現場や関係機関で経験を積める極めてユニークかつ挑戦的なプログラムで、「国連ユースボランティア」と「国際社会貢献活動」の二つのサブプログラムによって構成されている。いずれも「将来、国連や国際機関で働きたい」「途上国の現場で仕事をしてみたい」という学生に向けて開かれており、近年、このプログラムへの参加を目指して入学してくる学生も少なくない。

　しかし、英語ができて学業の成績がよければ、誰でもこのプログラムに参加できるかといえば、必ずしもそうではない。まずは個人を確立していることが前提となる。その理由は、日本とは大きく異なる環境下での生活は、時にリスクを伴い、公私ともに厳しい状況に追い込まれる場面もある。そのため、さまざまな葛藤を乗り越え、自分自身と向き合う精神的・体力的な強さが求められるからである。実際、途上国の厳しい生活環境や異文化の中において、心身の健康を維持しつつ、一つひとつ困難な状況に対応しながら職務を全うすることは社会人にとっても並大抵のことではない。また、ボランティアとはいえ、派遣先の諸機関から求められる業務レベルは決して低いものではない。国際協力や開発に関する基礎的知識のもと、各々の活動を通じて、いかに実践的な応用力を発揮できるかが求められる。場合によっては高い専門性が期待されることもあるからだ。

厳しい選考を突破して各プログラムの切符を手にし、数々の困難を乗り越えながら現地での業務を遂行してきた学生たちは、全員が一回りも二回りも大きくなって帰国する。実際、帰国報告会という形で自らの活動を振り返る学生の顔には、ある種の自信と成長がはっきりとうかがえる。世界市民としての自覚が芽生え、そして真に実となる、まさに実践的なプログラムなのだ。

UNV と世界で3校目の提携 ──「国連ユースボランティア」

　国連組織の下では、国連職員以外に、数多くのボランティアが活動を展開している。その派遣・調整を一手に担っている機関が、国連開発計画（UNDP）の下部組織として 1971 年に設立された国連ボランティア計画（UNV）である。「国連ユースボランティア」は、この UNV によるコーディネーションの下、学生たちがアジアやアフリカの各々の国連事務所に派遣され、自ら培ったコミュニケーション能力とインフォメーション・テクノロジー（IT）スキルを頼りに、ボランティア活動を展開するプログラムである。具体的な活動内容としては、ウェブサイト更新、ソーシャル・ネットワーキング・サービス（SNS）を活用した宣伝・広報活動、イベントの企画運営などが中心となっている。このような形で、大学の学部生が国連の事務所で活動できる機会を得られることは、非常に貴重なものと言えよう。

　もともとは、「国連情報技術サービスボランティア（United Nations Information Technology Service：UNITeS）」として 2004 年に始まり、途上国でコンピュータを使った業務補助、ネット関連業務や広報活動などの業務が中心だった。コンピュータ技術に対する適性や素質は若い学生の方が高く、機会さえあれば海外へその行動範囲を広げられる、というのが立ち上げの理由だった。このプロジェクトは、関学が世界で3校目に UNV と協定を結んでスタートした画期的なプログラムとして注目され、その後 2012 年度までは「国連学生ボランティア」と呼ばれてきた。その後、2013 年に「国連ユースボランティア」として再編され、同時に日本では

関学が基幹校となり、連携校は、大阪大学、国際教養大学、上智大学、筑波大学、東洋大学、明治大学、明治学院大学、立教大学の8大学が参画。これまでに関学から83人（2016年2月現在）の学生が派遣されており、派遣地域はアフリカ、アジア、大洋州など20ヵ国以上にのぼる。

神余副学長とディクタス国連ボランティア計画（UNV）事務局長との署名風景

　現在、「国連ユースボランティア」への出願資格は、日本国籍を有し、派遣時に20歳以上、2年生以上であること。派遣は年に1度。プログラムのおおまかな流れとして、学内選考の後、5月から6月にかけて他大学の学生とともにUNVによる書類と電話インタビューによる選考が行われる。

　応募から派遣までの期間を通じて、学びの機会は少なくない。はじめのヤマは、選考の前段階から始まっている。選考には学内だけでなく、UNVによる書類選考と電話インタビューが課せられる。書類選考時に派遣先の要求を満たしていなければ先に進めず、面接で英語力や派遣先の知識などが不十分と見なされれば、不合格となる。この狭き門を突破するために、学生は語学力、国際開発、ITの知識などを習得するだけでなく、自らのホームページを作成するなど、実績づくりに勤しむ。「これまでこんなに勉強したことはない」。そう振り返る学生もいるほどだ。

　首尾よくこの選考を通過した学生のみが、その後、ビザの申請や予防接種といった渡航準備を行いつつ、8月の事前研修を経て9月には晴れて現地に向けて出発できる。他方、後述の「国際社会貢献活動」の場合もそうであるが、選考に漏れた学生の中には、翌年の選考に向けて教職員のアドバイスを受けつつ、改めて自らの経験と知識を深める努力を始める者も少なくない。その熱意の継続こそが翌年の赴任実現につながる道となって、自らの志の扉を開くことになるのであろう。

　なお、本プログラムは関学をはじめとする合計9大学が連携して行って

いるもので、外務省からUNVへ拠出されているファンドの支援を受けているため、学生の経済的負担はない。単位認定に関しては、連携校それぞれで定められており、本学の場合は、「国連ユースボランティア実習」と「国連ユースボランティア課題研究」を合わせて16単位が認定される。

より現場に近い仕事を体験 ——「国際社会貢献活動」

一方、「国際社会貢献活動」は、関学が独自にコーディネートするプログラムとして、2013年にスタートした比較的新しい取り組みである。本学が覚書を締結した国際協力機構（JICA）、ICRCや途上国の教育機関、NGOなどでボランティア活動を行い、より国際協力の現場に近い仕事が体験できるのが特徴だ。派遣先での業務は、平和構築、環境保全、観光開発、スポーツ指導、日本語教育、日本文化紹介、IT、ビジネスなど、さまざまな分野がある。こうした多種多様なプログラムに、2015年度までに計62人（2016年2月現在）が参加している。

応募資格は、「国連ユースボランティア」と同様に派遣時に2年生以上で、こちらの派遣期間は、春学期は4月から9月、秋学期は9月から2月のうちの約5ヵ月間。派遣の前年度中に書類とインタビューによる学内選考が行われる。選考を通った学生は、その直後から、教職員の指導の下、事前学習の計画を立て、語学や専門分野の基礎知識だけではなく、赴任国の歴史や文化、政治経済といった対象国の概要、さらには派遣先機関の組織概要や業務内容にいたるまで、自ら情報を収集し、理解を深めていくことになる。

ビザの取得や現地での家賃、生活費・食費、保険、予防接種など派遣にかかる費用はすべて自己負担だが、申請手続と選考を経て選出された学生に向けて奨学金が支給される。本プログラムは「社会貢献実習」および「社会貢献課題研究」として位置づけられた授業であり、「国連ユースボランティア」と同じく修得単位は16単位になる。

派遣前から帰国後まで一人ひとりを全力でサポート

　教職員は、派遣前、派遣中、派遣後のすべてのプロセスにおいて学生を指導・支援することになる。そこでは、学生と教職員間の信頼関係構築が必須である。

　選考前の面接対策や出発前の準備にあたっては、授業の合間や放課後に昼夜を問わず持ちかけられる学生からの相談に、時には厳しく、時には励ましながら全力で応える。また、選考の合格を経て現地へ飛び立った後も、毎週初めに現地から送られてくる学生の週報に目を通し、一つひとつメッセージを添えて丁寧に送り返す。行間から、何か悩みを抱えていると察すれば、スカイプで直接話を聴いたり、緊急事態が発生した場合には、いつでも現地へ赴く用意がある。

　「派遣前から帰国後まで、すべてトータルでサポートするのが関学の国際ボランティア」。教職員たちは、そこまでして初めて真のグローバル人材が育つ、という共通の信念を持っている。

10　海外の経験を活かすために

「グローバルゼミⅡ」

根本的な問いかけで活動を再考する

　「国連ユースボランティア」や「国際社会貢献活動」を経験した学生のみが登録できる「グローバルゼミⅡ」は、海外の活動で得た知識や経験を改めて再分析・再検討し、自分の中に内在化させるための講義である。

　せっかくの貴重な海外経験も、そのままでは単なる思い出に留まり、いつか風化してしまう。それでは、学びを重ねた効果も半減してしまう。この講義では、「なぜ途上国は貧しいのか」「幸せとはどういうことなのか」「人

はなぜ学ぶ必要があるのか」といった根源的なテーマを、自分の活動を振り返る切り口として取り上げ、自分の経験の意義を深く掘り下げる。そして自分なりの考えをプレゼンテーションにまとめる。

その上で、総仕上げとして、国際教育などに熱心な中学や高校の生徒に、自分の経験とそこから得た学びを伝えていく。オープンキャンパスや講演会、パネルディスカッションなどで、大勢の聴衆を前に、飾らず、でも堂々と自分自身を語る。

人前で話すためには、自分の考えが整理されている必要があるので、こうした発言の機会は学生にとって非常に有意義なものとなる。場数を踏むことで、自身の活動を客観的にとらえられるようになり、プレゼンテーションでの説得力も増していく。後輩や高校生などから好評を得て、その後に質問が寄せられたり、アドバイスを求められるケースもある。

これらの活動を通して、自ら「グローバル人材とは何か」を語ることができるようになることが、この授業で期待される到達目標である。

学生の声

○「現地で得た学びの明確化」、これが私がグローバルゼミⅡを通して学んだことです。5ヵ月間という期間の中で数多くのことを学んだ私にとって、その学びを自分なりに消化させる機会をいただくことができました。これにより現地で得た真の学びとは何だったのかを明確化させ、日常生活にその学びを活かすことができるようになりました。また大勢の人の前で話をする機会をいただき、普段以上に「受け手の立場」を意識することができました。話を聞いてくださる方の立場を一番に考え続けたことで、今まで以上に伝えたいことを受け手に伝えられるようになりました。来春から私は社会に出て民間企業で働く予定なので、グローバルゼミⅡで得た学びを忘れずこれからも精進していきたいと思います。（小川凌平　総合政策学部4年）

○授業では、自分の経験を振り返り、それを基に考えを論理立てて相手

に話すことを学びました。答えが一つでない問いを考え抜くのはかなり頭を使う作業でしたが、途上国での学びを自分なりに明確にする良いきっかけになりました。その自分の中で生み出した答えを自分勝手にではなく、いかに受け手側と共有するかが難しい！その後、外部の方に講演会や授業を通して自分の経験を伝えていますが、友人たちに話すのとは訳が違う。どうやって自分を一から知ってもらい、惹きつけるようなプレゼンをつくるか苦労しました。それでも、自分の経験が誰かの心が動くきっかけになっているかもしれないといううれしさも感じました。（奥本麻友　国際学部4年）

○「本当の豊かさって何？」「支援は本当に必要なの？」といった派遣期間中に見つけることができなかった問いを授業の中で先生に投げかけられました。その問いに対する自分なりの答えを見つけるために、派遣時に書いた日記を何度も読み返すことで途上国での数えきれない学びを整理し、授業で発表をしては、教員や友人と議論しました。

　授業後には、高校生や教育関係者の方々の前で発表する機会をいただきました。自分の経験を言葉にし、誰かに伝えることの責任を感じつつ、また途上国での多くの経験や学びを一つのストーリーにする難しさに直面しながら、講演の準備を必死にしていく中で、「伝わらなかったらどうしよう……」といった怖さはいつもありました。

　そんな中、「伝えたい」その一心で私が語りかけた言葉を聞いて、きらきらした表情でメモをしてくれる高校生や、涙を流しながら感動を伝えてくれた方もいました。自分の想いや自分の言葉が誰かに伝わったその瞬間、自分の中にしかなかった途上国での経験がより大きな意味を持ち、新たな学びへと変わってい

山本久瑠美（総合政策学部3年）
高校生に向けて発表

き、また自分の成長につながっていったと思います。(山本久瑠美 総合政策学部3年)

11 ロジスティックサポート

受入機関との手続き

世界に広がる 13 の受け入れ機関

　関学「実践型"世界市民"育成プログラム」の看板として、2013年からスタートした「国連ユースボランティア」と「国際社会貢献活動」。これら「国際ボランティア」のプログラムでは、当初3人だった派遣者数が、徐々に増えて10倍以上になり、2015年度は年間39人の学生を途上国に送り出している。学生たちの多くは受入機関での業務を通じて、さまざまな学びを得て帰国するが、そのプログラムの成否に大きく影響するのが、安定的な受入機関の確保だ。

　現在、協定を締結し実際に学生を派遣しているのは、13機関。国連開発計画（UNDP）の下部組織で、「国連ユースボランティア」を受け入れる国連ボランティア計画（UNV）をはじめ、「国際社会貢献活動」のプログラムでは、国際協力機構（JICA）や赤十字国際委員会（ICRC）の他、カンボジアやインドネシア、タイ、マレーシアといった東南アジアの非政府組織（NGO）や教育機関、ドイツ国際平和村などに派遣している。各派遣先での業務内容や条件、特徴は多岐にわたる。

　「日本文化紹介に携わりたい」「日本と東南アジアのビジネスに興味がある」「国際機関で働きたい」「自然豊かな生活をしながら環境分野の活動がしたい」「インフォメーション・テクノロジー（IT）のスキルを活かした広報の仕事に挑戦したい」。学生の多種多様な希望に沿った派遣は、提

携先の増加とともに徐々に実現できるようになってきている。

　受入機関の開拓にあたっては、特定の基準がある訳ではなく、途上国の現場で活躍してきた教職員のネットワークによるところが大きいが、「学生に成長の機会を与えたい」という大学側の一方的な思惑だけでは、なかなか実現できるものではない。「学生を受け入れることで業務のサポートや新たな視点の獲得につなげたい」という受入機関側の思いも実現できるよう、質の高い学生を現場に送るため、大学側の努力が求められる。両者のマッチングが実現してこそ、可能となるプログラムなのだ。

MOU 締結までの調整

　学生を派遣するにあたっては、受入機関との間でさまざまな協議や調整を行い、了解覚書（Memorandum of Understanding：MOU）を締結する。MOU 締結までには、受け入れの可否や受け入れ人数、業務内容の調整など、定期的に情報交換し合いながら、双方に内容を十分理解・合意した上で進めていく。

　また、派遣先の選定にあたり、大学としては、派遣先における日本大使館の有無や外務省の安全基準、JICA 現地事務所の情報などを参考にしながら、派遣する地域や時期が妥当かどうかを判断する。

　そして、派遣される学生の現地での活動内容について、詳細を記したものが「Description of Assignment：DOA」や「Terms of Reference：TOR」と呼ばれる業務指示書である。そこには、各機関が進めるプロジェクトの概要、学生に期待するスキルや経験、住居や周辺環境の情報などが記載されている。学生が応募段階で行きたい国ややりたい仕事を見つける指針となるものであり、しっかり読み込んでおく必要がある。学生からの出願を受け、本人の希望を考慮した上で教員が総合的に能力と適性を判断して、派遣先を最終決定する。

良好な信頼関係を構築するために

　途上国での滞在や社会における経験が未熟な学生たちを、約 5 ヵ月間、

途上国に派遣する「国際ボランティア」のプログラムは、大学側にとっては、大きなリスクを伴うものである。海外の提携校に派遣する交換留学プログラムなどとは異なり、現地での安全確保が容易ではないのが、その理由の一つ。

「学生が予定通り業務を全うし、無事に帰国すること」、それがプログラムにかかわる教職員たちの共通の願いであり、そのために、各機関との信頼関係の構築にも時間と労力を割いてきた。現地を定期的に訪問し、組織や周辺の状況を把握するとともに、活動内容が学生の学びにふさわしいかどうかをモニタリングする。

また、学生と派遣先機関との信頼関係の構築も不可欠だ。出発前には、学生と派遣先が直接やりとりする場面があるが、職員がメールの送信内容をチェックしながら、時にはビジネスマナーなどを指導する場面もある。そして、派遣後も組織の状況やプロジェクトの進捗などについて毎週定期的に週報を提出させ、それらに一つひとつ応えていく。それでも問題が生じてしまった場合は、その都度解決し、プログラムのPDCA（Plan・Do・Check・Act）のサイクルを正常な状態に戻せるよう調整する。

教職員にとっては、昼夜を問わず学生とのやりとりが続く「国際ボランティア」のプログラム。厳しく指導すればけむたがる学生もいるし、決められたとおりにレスポンスが返ってこないこともある。心配はつきないが、出発前は不安気で頼りなかった学生が、このプログラムを通じて、たくましく成長して帰ってくる。そんな学生たちの飛躍的に成長する姿を見られるのが、教職員たちの何よりのやりがいとなっている。

安全性の確保

危機管理に特化した「チェックリスト」

2013年、「国際ボランティア」のプログラムを本格的に開始するにあたり、運営する大学関係者の間で最も長い時間をかけて議論されたのが、学

生の安全確保の問題である。途上国での滞在に慣れていない学生を、5ヵ月間たった一人で派遣することには、さまざまなリスクが伴うため、万全の対策を立てる必要があった。

途上国でのリスクの一つは、まず学生が暮らす住居と職場までの通勤路にある。「現地で住む家は治安の悪い地域の中にないか」「職場までの道のりに人気が少なく暗い場所が続いていないか」「過去に盗難などの事件があった場所が近くにないか」など、検討すべき点は多々ある。業務実施中の安全面の確認も不可欠である。

そこで考案したのが、危険度を確認するためのチェックリストだ。リストには「部屋の鍵は壊れていないか」「オフィスのセキュリティは万全か」「夜間の業務はあるか」など80近い項目が並び、「YES」か「NO」で回答できるようになっている。学生派遣の可否を判断する際に用いるこのリストは、途上国などの危機管理に詳しい一般財団法人国際開発センター（International Development Center of Japan：IDCJ）の協力によって作成している。プログラム開発にあたっては、教員と職員が現地に足を運び派遣先の担当者と協議するとともに、このリストを基準にして住居や通勤路も綿密にチェックする。

受け入れ先の協力が不可欠

事前確認事項として重要なのが、受け入れ先の協力態勢である。チェックリストは、受け入れ先にも記入してもらう。ポジティブな要素が多ければ、渡航事情や業務内容などのその他の条件と総合的に判断した上で派遣要請にいたる可能性が高くなるが、ネガティブな項目へのチェックが多ければ、具体的な対策をとることになる。例えば、治安に不安がある地域を通って通勤するとの回答が見られた場合には、これに対する協力が得られるか否かを受け入れ先に確認し、住居の変更や車両での送迎の可能性を打診することがある。その過程でネガティブだった回答がポジティブに変わることもあるが、逆に懸念が残る場合には、派遣を見送ることもやむを得ない。

一方、常に同一のチェックリストに沿ってさえいれば十分という訳ではない。状況に応じて項目を増やしたり、随時対応が必要な場合もある。例えば、業務の一環で学生が勤務先から離れた別の地域に出張する際、出張先が外務省の安全情報で渡航中止勧告が出ている地域だったことがある。これは学生が出張する際、事前に必ず提出することになっている出張届によってわかったことだが、大学からは当該学生の出張を見送ってもらうよう受け入れ先に依頼した。

学生の意識から生まれる内的リスク
　リスクは治安の悪化や事故などの外的な要因だけでなく、学生自身の内面から引き起こされることも十分想定できる。5ヵ月の派遣期間中、どんなに優秀な学生であっても現地での生活に慣れてきたころにトラブルが起こるケースがある。その意味では、チェックリストや事前調整だけでは、危機管理上十分であるとはいえない。気の緩みは誰しも起こり得るものだが、多感な時期にある学生はそこに冒険心も加わる。これらは外からのコントロールが非常に難しいため、派遣前・派遣期間中を通して担当教員を中心に学生への危機管理指導を粘り強く続けている。
　「さまざまな経験を通じて学生を成長させたい」と願う一方、教職員たちは常にこの危機管理の問題と格闘している。
　最後に、学生の安全を確保するために最も重要なのは、受け入れ機関と大学側、学生の三者の信頼関係である。まず、受け入れ先にこちらの懸念点をしっかり伝え、先方に協力が得られる範囲を確認し、それらのギャップを埋めるプロセスが重要だ。そして、学生には「自分の身は自分で守る」という危機意識をしっかり持ってもらい、かつ心配事があるときはすぐに大学側に連絡してもらえるよう、日頃から密なコミュニケーションが欠かせない。こうした協力関係を築く過程が学生にとって社会に出る前に「報・連・相（報告・連絡・相談）」を実践する訓練にもなっている。

予防接種

　黄熱病やA型肝炎、B型肝炎、破傷風、狂犬病、ポリオ、日本脳炎——海外には、日本には無い病気が蔓延し、日本にいるときよりも感染する危険が大きい病気がある。

　海外渡航にあたっては、入国時に予防接種を要求する国もある。予防接種で予防できる病気は限られているが、感染症にかかるリスクを下げることはできる。

　「国際ボランティア」のプログラムで、学生が派遣されるアフリカやアジアの国々も、予防接種が必要とされる地域が多い。しかし、派遣国によって必要な予防接種は異なり、また渡航の準備に関しては学生自身が派遣国について調べて進めていく必要があるため、予防接種の計画はすべて学生が自分たちで練る。

　ただし、数ヵ月にわたって途上国に住むことが初めての学生が多く、入手すべき情報は特殊だ。そこで、大学としては参照できる資料やウェブサイトを紹介し、学生自身が予防接種に向けた準備を円滑に進められるよう説明している。また、予防接種の種類によっては数回接種が必要なものもあり、派遣までにすべての予防接種を完了させるには時間を要するため、早い段階で予防接種の計画を策定するよう促している。

　予防接種に関する説明と同時に、大学では慣れない途上国での生活で体を壊すことがないよう、日本での生活とは状況が違うことを伝え、自身の健康に気を付けるよう説明している。派遣前の学生たちは、英語や派遣国の知識などの向上に向けて必死で勉強を続けているため健康面や体調管理への配慮は滞りがちだが、予防接種も重要な準備の項目の一つとして認識してもらえるよう努めている。

ビザと航空券

派遣国のビザ取得もプログラムの一環

　海外へ渡航する際には、パスポートとビザ、航空券が必要である。

　「国際ボランティア」のプログラムに参加する学生は、ビザや航空券の手配を自己責任で行うこととなっている。派遣国や派遣先機関によって取得すべきビザの種類が異なり、ビザ取得の手続き自体も渡航準備の一環として、取り組むべき項目として位置づけられている。これもまた、自立に向けたトレーニングでもある。

　具体的な渡航日程は、関学と派遣先それぞれの担当者が調整して決定しており、学生は日程が決まり次第、ビザと航空券の手配を進めることとなる。

　学生一人ひとりに具体的なビザ取得手続きを案内している訳ではないが、ゼロから学生に一任すると、万が一のとき、早い段階でトラブルを拾うことができなくなるため、まずビザ取得のために必要な手続きを調べさせ、結果を提出させている。リサーチの際には、調べた結果を記入させるフォーマットを準備し、さらに参考となる過去の実績を手渡す。この際、単に過去のケースを踏襲するのではなく、必ず最新の情報を自分自身で調べるよう説明している。リサーチの過程でも学生が途上国の諸事情を学ぶ要素があり、海外渡航にあたってビザがいかに重要なものであるかを認識する機会となっている。

　派遣国・派遣先機関によっては、派遣先機関と大学とで細かな調整や交渉が必要になる場合もあるが、そのような複雑なケースについては学生に任せられる段階に落ち着くまでは大学の担当者が直接やり取りをしている。

　このように、ビザの取得は学生が自己責任で行うことが前提だが、ビザの取得ができないと渡航自体に支障が出るため、各学生の準備の進捗状況は担当者も常に確認し、進捗が滞りがちな場合は適宜フォローするなど、最終的に問題なくビザが取得できるように心がけている。

航空券の手配は自己責任

　航空券も学生が自己責任で手配しており、大学側が適切な航空券を探す訳ではない。一部例外もあるが、基本的には渡航日程が決定し、ビザが取得できてから手配するように説明している。

　「渡航日程が決まったら早く航空券を手配したい」という学生も多いが、それよりも先にビザの手配を進めるよう説明し、理解を得るようにしている。実際に、ビザの発給が渡航日に間に合わないこともある。このような事態を学生自身に想定、意識させることも学びの一つと考えている。

　また、搭乗するフライトは学生自身が探し、一度事務局側で内容を確認してから手配するように説明する。学生が候補とした経路などに改善の余地がある場合は、再度候補を出すように指示し、確実な搭乗フライトを決定させる。

2章執筆担当一覧

安藤　朋	予防接種／ビザと航空券
國頭貫也	受入機関との手続き
關谷武司	実践型グローバル人材像をどう規定するのか／「世界市民論」／「国際情報分析」／「プロジェクトマネジメント」／「教育開発論」／「Heart on Coin "絆" プロジェクト」／「グローバルゼミⅡ」
谷井信一	「インドネシア交流セミナー」
中村　圭	「国連セミナー」
丸山吏乃	安全性の確保
安居信之	「海外フィールドワーク」／「国連ユースボランティア」と「国際社会貢献活動」
山田好一	「International Politics & Economy」／「国際平和構築論」／「国際環境論」／学習の場の提供と教員

五十音順

第3章

世界に貢献する「グローバル人材」

1 にっぽんのカン違い!?

英語ができれば優秀？

關谷武司
国際学部教授

　日本という国は、ある程度の規模の人口を抱える科学的・文化的にも進んだ国なので、生活や仕事をする上でも、学ぶ上でも、日本語だけで十分に間に合う。世界のニュースや海外の文献なども日本語に訳されているものが多く、ネット情報も日本語だけで不自由はない。そのため、世界の多くの国のように「英語を身に着けておかないと困る」という日常的な場面が少なく、いくら学校で英語を習っても、使えるようにはなりにくい。ところが、受験には英語が必須である場合が多く、勉強しなければならない科目とされている。だから、「英語のできる人は『賢い』」というイメージを持つ人も多い。

　他方、高校生や大学1年生あたりに、「世界といえば？」と尋ねれば「アメリカ、イギリス、オーストラリア……」。「留学したいところは？」「アメリカ、イギリス、オーストラリア……」。世界の8割を占める開発途上国などは地球儀に無きが如しだ。「国際社会＝欧米社会＝洗練された進んだ社会」という意識を強く刷り込まれてきた面があるのだろうか。先のことと合わせ、やっぱり「英語を流暢に話せればかっこ良い！」となる。

　「じゃあ、アメリカ人はみんな『賢い』の？」「イギリス人というだけでグローバル人材？」そんな訳はないことくらい誰でもわかる理屈だが、日常会話や上辺だけの意味のないコミュケーションしかできなくても、「私って"クール！"」と勘違いし、周りも尊敬の眼差しで見たりする。

　「じゃあ、自慢の英語を活かしてアメリカで一流の仕事にチャレンジしたら？」「国連などの国際社会で活躍したら？」「……」

英語がしゃべれるというだけで、社会や世界のことについては無知・無関心なら、それはもう何も語れない。英語を使えることと「グローバルな人材」になることとは、違うのだ。

何か違う⁉
　「グローバル人材といえば、世界でバリバリ稼ぎまくる人」。そうとらえている学生もいる。人間は社会的動物であり、支え合って生きているということを理解せず、自分一人で生きている気分なのかもしれない。
　早い段階で、留学などの経験を持つ学生も増えてきた。その中には、ひどく自国の文化や習慣を卑下する者がいたりする。まだアイデンティティが確立する前ゆえに、彼らが思うところの「世界」や「国際社会」にかぶれてしまい、自分が日本人であることすら嫌悪してしまうのかもしれない。嫌悪する対象である日本のことを語ることも心もとないのに……。
　また、「自分の生まれた意味は自己実現」と話してくれる学生もいる。そして、次から次と興味のあるものに飛びつき、何かを深く究めることなく流れていってしまう。その一方で、就職活動に臨む時期になっても、一体自分はどういう道へ進みたいのかわからず泣き出してしまう学生もいる。物質的には何でもそろっている社会の中で、「やりたいことを見つけなさい」「将来を自由に選びなさい」と、生まれたときからいわれてきたのだから仕方がないのかもしれない。いずれのケースも、いつも腹が満たされているがゆえに、本当にほしいものがわからなくなっているのではないだろうか。
　後述するように、これらの現象の理由は個人にではなく、社会にあると考えるべきか。しかし、豊かな社会にあって、真に豊かになれない個人が増えるなら、これは笑えない。

Column
日本人の英語力

　「日本の国際コミュニケーション英語能力テスト（Test of English for International Communication：TOEIC）や英語能力測定試験（Test of English as a Foreign Language：TOEFL）の平均点は、アジアの中で低位」「日本人は英語ができない、は世界の常識」──日本人の英語力を示す数字やレベルは、低く見られがちだ。しかし、日本人が皆同じように英語が苦手かというとそうではない。外国人に交じってコミュニケーションする日本人の英語は、それはもう千差万別で、ひとくくりにはとても語れない。仕事で活躍中の人は堂々と丁々発止英語でやり合うし、聞き役にまわりつつ上手に会話の輪に参加する人、身振り手振りを交えて話をつなげようとする人、極力そのような場面を避けようとする人などさまざまだ。

　ただ、日本の学校の義務教育の中で英語に触れる時間は、多くて1000時間ほど。確かにアジアの他の地域に比べて英語を使う機会が限られているといえる。それを念頭に英語でのコミュニケーションに苦労している人がいたら、その原因は大きく分けて二つある。一つは、文法や語彙といった「基礎体力」の不足、もう一つは、インプットした英語をアウトプットする実践練習の不足である。

　私の教え子の一人は、アメリカに留学をして卒業後も地域の情報誌などをつくる仕事に就き、外国人としての視点を活かしつつ情報を集め記事を書いていた。しかしネイティブと同じようには英語を使いこなせず、何度も指摘をされ、仕事を失いそうになるまで追い込まれたとき、改めて英語を学び始めた。その際、日本の学校で習得した文法力が役立ったと言う。「ハートと内容では負けないと思っていましたが英語の基礎体力が欠けていましたね」と後日彼女は語ってくれた。

　また、シンガポールなどの新興国では、国籍や文化が異なる人々が共存し、普段の会話の中でも教科書で学んだセオリーだけでは理解できない場面が多々ある。それは実際に人と言葉を交わし、誤解と理解を繰り返しながら体得されるストラテジーであったりする。

　従来の日本の国際理解や異文化理解教育は、英語の「理解」を重視してきた。しかし、一歩外に出れば英語は「行動」するための手段である。もちろん異文化理解は重要であるが、グローバル教育における英語の役割は、世界を理解し異なる背景を持つ人たちと共通の物差しを探りながら、行動を起こしていくためのツールであろう。今、英語を勉強している人は、今の学びが無駄になると思わず、地道に続けてほしい。そのうえで「理解」を目標とするのではなく、一歩先の「行動を起こす」ことを目的に英語を学んでほしい。そうすることで同じ勉強でも見え方が違ってくるだろう。

岡部純子（法学部准教授）

「世界」といえば

　勘違いしていないかと思われるのは、世の中のことがわかっていない若い未熟な学生だけではない。これだけインターネットで世界とつながり、行く気さえあれば簡単に海外へ足を延ばせる時代でも、多くの日本人が世界の「本当の姿」を理解できないでいる。大学の教員ですら、「世界」や「国際」という言葉を使うとき、頭の中でイメージしているのは欧米だけだったり、中国やインドなどの新興国にとどまっていることが多い。未だに日本人は島国民族のままなのである。

　確かに、15、16世紀あたりからヨーロッパの国が世界を席巻するようになり、世界といえば先進国をイメージするという感覚が500年くらいは続いているだろうか。しかし、それ以前は中国やインドなどの方がはるかに大国であったし、その大国であった期間にしても紀元前3000年ごろから、ざっと4500年くらいは続いたのだろう。未来永劫今の欧米を中心とした世界観が続くわけではない。そう考えれば、中国が発展しつつあり、世界第2位の経済規模の国に戻ってきたのも、別段奇跡的な話というわけではないだろう。東南アジア諸国連合（ASEAN）は伸び盛りだし、中東も独自の文化様式で存在感がある。ラテン・アメリカの世界も誇り高く生きている。ところが、日本では外国語といえばほとんど英語しかやらないから、英語圏のものの見方しかできず、例えば、アラビア語を話す人たちの伝統的な考え方や価値観、スペイン語を話す人たちの情熱的な文化など、世界の多様性に気づかない（その英語すらおぼつかないのではまさに心細い限りだが）。

　教育の現場には「子どもは鏡だ」という言葉がある。つまり今の学生が勘違い学生ならば、大人も社会も「勘違い」をしているのではないか。そして、その総体として日本という国を形づくられているのかもしれない。

　これから社会に出て行く10代、20代の若者を育てていくためにも、まずは大人たちがグローバル人材の意味を誤解することなく、世界の本当の姿を見つめなければならない。世界の中で圧倒的に恵まれた先進国に生き

る一人であることを自覚し、「勘違い」からの脱却を図りたい。

2　世界の本当の姿

先進国と途上国

吉田夏帆
国際学研究科博士課程前期課程

世界の8割は「途上国」

　「先進国」と「途上国」——これらは世界を語る上で外せないキーワードである。ところが、その定義は経済協力開発機構（OECD）内の開発援助委員会（Development Assistance Committee：DAC）や世界銀行、国際通貨基金（International Monetary Fund：IMF）により、「所得」「人的資源」「経済的脆弱性」など個別の判断基準がとられ、実にさまざまである（佐藤 2014）。ここでは、日本の内閣府が発表している「世界経済の潮流 2015 年Ⅰ」に添って見ていきたい。この報告書によれば、「先進国」は OECD に加盟している 34 ヵ国をいい、「途上国」は先進国以外の国をいうと定義されている。日本を含めた世界の国数は 196 ヵ国（外務省 2015）であるため、この数から先進国の数を差し引くと、世界には 162 ヵ国もの途上国が存在していることになる。これは、「世界の 8 割強は途上国である」ということを意味している。普段私たちが「世界」と聞くと、ついアメリカやヨーロッパ諸国をはじめとする「先進国」を想像してしまいがちである。しかしながら、それは世界の 2 割程度にしか過ぎず、現実世界では「そうでない貧しい 8 割の国々」がひしめき合っているのである。

「途上国」のはじまり

　では、「先進国」や「途上国」といった違いはいつからできたのだろうか。

一つの区切りとなるのが、「大航海時代」や「産業革命」に代表される、ヨーロッパにおける中世から近世にかけての時代である。この時期に、ヨーロッパの冒険家たちは科学技術の進歩に後押しされ、未知なる大地に眠るお宝を求めて世界中を航海した。そして、アジアやアフリカ、アメリカ大陸を「発見」したヨーロッパの人々は、これらの土地を植民地化することで、世界を自分たちの経済成長・利権拡大のために利用した。その結果、世界は「支配する者」と「支配される者」に二分化され、それが「先進国」と「途上国」の間の「南北問題」といった形で現代にも残っていると考えられる。

また、世界大戦後に出現した冷戦のとき、アメリカを中心とする資本主義陣営を「第一世界」、当時のソ連を中心とする社会主義陣営を「第二世界」と呼ぶのに対し、そのどちらにも属さなかった国々を「第三世界」と呼ぶようになった。このことから、途上国の総称として用いられるようになった「第三世界」も、「先進国」と「途上国」の違いを表す言葉の一つだといえよう。このように、「先進国」や「途上国」の違いは自然に発生したものではなく、人為的に作られたものだということが理解できる。

先進国と途上国の格差問題

二度目の世界大戦の終焉から 70 年が経とうとしている今、世界はどのように変化したか。2000 年に開催された「国連ミレニアム・サミット」において、21 世紀の世界的な目標として「国連ミレニアム宣言」が採択されるなど、先進国と途上国の格差問題は一見解決の方向へ向かっているかのように思われる。しかしながら、他方では、世界の富裕層上位 80 人の総資産額は貧困層 35 億人の総資産額と同等になり、このまま行けば、2016 年までに世界人口 1％の富裕層が有する総資産額が残りの 99％の人口の総資産額を上回る（Deborah Hardoon 2015）といった報告がなされるなど、世界の格差は、是正されるどころかむしろ拡大の一途を辿っていることがうかがえる。このような経済的な格差拡大については、OECD などの報告書でも同様に議論されている（OECD 2010）。

世界の中の日本

　このような世界の中で、客観的に見て、「日本」はどのような立ち位置にあるのだろうか。1950年代初頭から1970年代中ごろにかけて、日本は経済成長率が10％を超えるという世界でも比類ない高度経済成長を遂げた（伊藤・新田 2005）。さらに、1969年には国民総生産（Gross National Product：GNP）は、アメリカに次いで資本主義国第2位になるほどの経済成長も見せた（谷沢 2014）。以来、多少の景気後退はあるものの、今もなお成人一人当たりの資産額によるランキングでは、累積資産で判断してアメリカに次いで世界2位につくほど日本は経済的にも豊かな国である（マーカス・スティアリほか 2014）。つまり、世界人口73億人の約1.6％を占める私たち日本人は、世界トップレベルの生活水準を有していると考えられるだろう。

[参考文献]

青山利勝、1991、『開発途上国を考える』、勁草書房。
外務省、2015、「世界の国数」、外務省ウェブページ、〈http://www.mofa.go.jp/mofaj/comment/faq/area/country.html〉（2015年11月3日）。
伊藤正直・新田太郎、2005、『ビジュアルNIPPON 昭和の時代』、小学館。
佐藤寛監修、2014、『国際協力用語集』第4版、国際開発ジャーナル社。
髙木保興・河合明宣、2014、『途上国を考える』、放送大学教育振興会。
谷沢弘毅、2014、『近代日本の経済発展』下巻、八千代出版。
内閣府、2015、「世界経済の潮流2015年 I」。
マーカス・スティアリほか、2014、「グローバル・ウェルス・レポート2014」、クレディ・スイス リサーチ・インスティテュート、〈https://www.credit-suisse.com/media/production/news-and-expertise/docs/global-wealth-report-2014-jp.pdf〉（2015年11月1日）。
Deborah Hardoon. 2015. *WEALTH: HAVING IT ALL AND WANTING MORE*. Oxfam International.
OECD編、2010、『格差は拡大しているか―― OECD加盟国における所得分布と貧困』、小島克久・金子能宏訳、明石書店。

貧困

江嵜那留穂
国際学研究科博士課程前期課程

1日1.25ドル未満で生活する12億人

現在、世界には1日1.25ドル未満で生活する人々が12億人いるとされる。これらの人々は、国際的に「極度の貧困状態」で生活を営んでいると定義され、インド、中国、ナイジェリア、バングラデシュ、コンゴ民主共和国などの国に集中して生活している（United Nations 2015）。

そもそも「貧困」とは何か。貧困にはさまざまな側面があるため、定義や指標は一つではないが、一般的に知られているのは、人間の潜在能力に着目したものである。例えば、経済協力開発機構（OECD）の開発援助委員会（DAC）は貧困を、経済的能力、人的能力、政治的能力、社会文化的能力、保護能力といった5つの基本的な能力が欠如している状態と定義している（OECD 2001）。また、独立行政法人国際協力機構（2009）は、貧困を「人間が人間としての基礎的生活を送るための潜在能力を発揮する機会が剥奪されており、併せて社会や開発プロセスから除外されている状態」と定義している。

貧困は人々の生活をどのように蝕んでいくのか。第一に、保健医療への影響である。貧困状態に陥っている場合、十分な食事や清潔な水へのアクセスが限られてしまうため、栄養失調になり、病気にかかりやすくなる。しかし、経済的に余裕がなければ、病院で治療を受ける、薬局で薬を購入するといったことが難しい。そのため、本来ならば治療できる病気であったとしても、貧困地域では命を落とす人々が後を絶たない。

第二に、教育の問題が挙げられる。貧困層の人々は、教育費を払う経済的余裕がないため、彼らの子どもたちが教育の機会を得られないことが多い。そして、子どもたちは家事や兄弟の世話、労働に従事することになり、人間らしい生活を送るための基本的な知識を習得することが困難となる。また、学校に通っていたとしても、国自体が貧しければ、教室、教員、教科書・教材などが不足することにより教育環境が整わず、子どもたちが十

分に学習できないことがある。

　第三に、緊急時に生じる問題である。社会的弱者である貧困層は、政治的な抑圧や不当な差別に遭いやすい。また、自然災害や紛争などが発生すると、貧困層はそれらによって引き起こされるダメージを経済的にカバーすることができないため、被害を直接受けることになり、ますます危機的な生活状態に陥りやすくなる（国連開発計画 2014）。

貧困国が集中するアフリカ

　現在、アフリカには多くの最貧国が集中しており、アフリカの人口7億人の半分以上は、1日1ドル以下で生活を営んでいる（ダンビサ 2010）。特に、サブサハラ・アフリカは世界において最も貧困率が高く、乳幼児死亡率の高さ、就学率・識字率の低さなど、さまざまな問題を抱えている。また、アフリカは未だに紛争や内戦が頻発する状態にある。これまでも多くの紛争や内戦を経験してきたアフリカだが、1997年にはサブサハラ・アフリカにおける48ヵ国中、約半数の国が紛争状態にあった（戸田 2013）。このような紛争が、社会的弱者である貧困者をさらに追い込むことになる。

貧困削減を目指す「ミレニアム開発目標」

　2000年にニューヨークにおいて「国連ミレニアム・サミット」が開催され、ミレニアム開発目標（MDGs）が発表された。この MDGs では、開発、教育、ジェンダー、保健、環境など、貧困撲滅にあたって重要な分野から8つの目標および21のターゲットが掲げられた。目標1である「極度の貧困と飢餓の撲滅」では、主なターゲットとして「1日1.25ドル未満で生活する人口の割合を半減させる」「飢餓に苦しむ人口の割合を半減させる」などが提示されている。このような目標のもと、国連や各国政府、非政府組織（NGO）などが目標達成のためのさまざまな取り組みを実施した。その結果、分野によっては課題が残るものの、貧困層の削減に関しては、大きな改善が見られる。1990年に途上国に住む人々の約半分は1日1.25

ドルの生活状態にあったが、その人口は 2015 年には 14％まで下がり、栄養不良状態にある人々の人口は 23.3％から 12.9％に減少した。また、1 日 4 ドル以上で生活する中間層の数は、1991 年から 2015 年までに 3 倍に増加した（United Nations 2015）。

2030 年を目指して

　MDGs の達成期限である 2015 年を過ぎ、世界における貧困問題は改善されつつある。しかしながら、男女間の不平等や国内格差、気候変動や環境悪化など、未だざまざまな課題が残る。そこで、次の 15 年間の目標を定めた持続可能な開発目標（Sustainable Development Goals: SDGs）が、2015 年 9 月にニューヨークにて開催された「持続可能な開発サミット」において発表された。SDGs では、17 の目標が掲げられており、エネルギーや海洋資源といった新たな分野が加えられている。また、先進国も対象として含まれており、目標達成に向けては各国の協力が欠かせない。

　紛争も内戦もなく、水道の蛇口をひねれば簡単に清潔な水が手に入る、そんな恵まれた国に生まれた日本人からすると、1 日 1.25 ドル未満の生活は想像し難いであろう。しかしながら、世界の 80％は途上国であると言われるなか、我々はその残りのわずか 20％の先進国に含まれる日本で生活していることになる。安心した環境で教育を受けることができる我々は、次世代のリーダーとしてすべきことがあるのではないだろうか。

[参考文献]

国際協力事業団企画・評価部、2003、「DAC 貧困削減ガイドライン」、国際協力事業団。

国連開発計画、2014、「人間開発報告書 2014 日本語版 概要」、国連開発計画（UNDP）駐日代表事務所。

ダンビサ・モヨ、2010、『援助じゃアフリカは発展しない』、小浜裕久訳、東洋経済新報社。

戸田真紀子、2013、『アフリカと政治 紛争と貧困とジェンダー──わたしたち

がアフリカを学ぶ理由』、御茶の水書房。
独立行政法人国際協力機構公共政策部／貧困削減タスクフォース、2009、「課題別指針 貧困削減」、独立行政法人国際協力機構。
OECD. 2001. *The DAC Guideline Poverty Reduction*. Paris: OECD.
United Nations. 2015. *The Millennium Development Goals Report 2015*. New York: United Nations.

紛争

吉田夏帆
国際学研究科博士課程前期課程

20世紀は「紛争の世紀」

　世界中で多数の犠牲者を出した二度の世界大戦から、米ソ対立による冷戦。また、その間に世界中で勃発した米ソの代理戦争や宗主国からの独立を目指した紛争など、この100年間、争いは絶え間なく続いてきた。これまでの戦争・紛争による死者数の推移を見ても、16世紀は160万人、17世紀は610万人、18世紀は700万人、19世紀は1940万人、20世紀は1億780万人（世界情勢を読む会 2010）と、20世紀がいかに常軌を逸していたかが読み取れる。さらに追記すると、これら20世紀における紛争の舞台の大半が、「先進国」ではなく「途上国」に集中しているのである。

紛争の「条件」

　『20世紀世界紛争事典』（浦野 2000）によれば、紛争とは、「価値・利益・希求をめぐって生じる対立」と定義されている。ダン・スミス（2003）は、紛争が生ずるのは次の二つの重要なファクターが存在するためだと指摘している。第一に、双方間の「（意見や利害の）不一致」、第二に「戦うための手段」、である。第一の「（意見や利害の）不一致」については、「領土」「民族」「宗教」「資源」「環境」「貧困」「政情不安」……など、対立の火種となる要因は、植民地時代から世界大戦・冷戦時代が残した負の影響も相まって、地球上のいたるところに山積している。問題は、第二の「戦

うための手段」である。前述したように、20世紀の紛争の多くは途上国で生じていると言われている。当の途上国は、人々が生活するために必要な最低限の食料や水、資源さえ自力で調達するのが困難な状況下に置かれている場合が往々にしてある（ジョナサン・モーダックほか 2011）。それにもかかわらず、彼らはどのようにして、決して安価とはいえない「武器」（銃や小型ミサイルなど）を獲得しているというのか。この問いに対する一つの答えとして、一部の先進国が、これまで武器輸出により数々の紛争を後押ししてきたことは、まぎれもない事実であろう（ジョン・ピルジャー 2004）。

紛争は何が問題なのか

「紛争は、多数の犠牲者（死者）を生み出すから問題である」というのは、誰でも容易に想像がつく。しかし、紛争がもたらす「負の影響」はそれだけではない。紛争は、途上国のような脆弱国家に内在する問題をいとも簡単に拡散させ、人々の麻薬使用や海賊行為、性的暴力行為などを煽動する（世界銀行 2012）。

戦力として、子どもたちまで戦場に駆り出されるという現実もある。現在、世界中の戦争・紛争で戦う「子ども兵士」の数は30万人を超えると言われている（レイチェル・ブレットほか 2002）。子どもが徴兵される理由には、「彼らが安上がりな消耗品であること」や「何も考えずに人を殺したり、危険を受け入れたりさせることができる」ことなどが挙げられる（ダン・スミス 2003）。紛争によってその国家あるいは地域が援助機関や他国の企業が入れないほどになれば、教育やインフラ、保健・衛生などの開発も進まず、紛争地域はますます発展が遅れていく。たとえ紛争が収束しても、すぐに平和な日々が戻ってくる訳ではない。紛争が残した地雷や爆弾などの不発弾によって現在も毎年2万人近い人々が死傷していると言われており、さらには、紛争によって故郷を追われた「難民」と呼ばれる人々が、20世紀の終わりには約4000万人も存在するという報告もある（ダン・スミス 2003）。他にも、紛争による「負の影響」は、例を挙げれば際

限がないほど、地球上のいたるところに今も散在している。

21世紀の「新しい紛争」

　二度の世界大戦後、44年という長期にわたって続いた冷戦の終焉により、人々はいよいよ「平和で自由な新時代の幕開け」と21世紀に希望を抱いた。ところが、その高揚も束の間、2001年9月11日、アメリカ・ニューヨーク、ワールド・トレード・センターのツイン・タワーとワシントンD.C.のアメリカ国防総省が破壊され、3000人以上の命が奪われた。あの痛ましい事件によって、人々の希望はあっけなく打ち砕かれた（ダン・スミス 2003）。国家間や地域間にとどまらず、世界を舞台とした「見えないテロとの戦い」という新たな紛争の時代に突入したのである。また、「9・11」と称されるこのテロ事件は、アメリカ的秩序拡大による「欧米的価値観の押し付け」に対するイスラム勢の「NO！」という見方をする者もいる（毎日新聞社外信部 2004）。

　誰が「善」で誰が「悪」なのか。真実はどのあたりに転がっているのか。大きな転換点を迎えつつあるこの混沌とした時代を生き抜くためには、まずは世界の紛争や過酷な現実を知り、権力者やメディアの情報操作を見抜く力を身に着ける必要があるといえよう。

[参考文献]

イグナシオ・ラモネ、2004、『21世紀の戦争——「世界化」の憂鬱な顔』、井上輝夫訳、以文社。

浦野起央編、2000、『20世紀世界紛争事典』、三省堂。

ジョナサン・モーダックほか、『最底辺のポートフォリオ—— 1日2ドルで暮らすということ』、野上裕生監修、大川修二訳、みすず書房。

ジョン・ピルジャー、2004、『世界の新しい支配者たち——欺瞞と暴力の現場から』、井上礼子訳、岩波書店。

世界銀行編、2012、『世界開発報告2011——紛争、安全保障と開発』、田村勝省訳、一灯社。

世界情勢を読む会編、2010、『ニュースがわかる！ 世界の紛争地図』、日本文芸社。
ダン・スミス編、2003、『最新版アトラス世界紛争・軍備地図』、森岡しげのり訳、ゆまに書房。
ボブ・ハリス、2010、『とりあえず分かる！ 世界の紛争地図』、安原和見訳、筑摩書房。
毎日新聞社外信部編、2004、『図説 世界の紛争がよくわかる本』【増補3訂版】、東京書籍。
レイチェル・ブレット、マーガレット・マカリン、2002、『世界の子ども兵——見えない子どもたち』、渡井理佳子訳、新評論。

環境

「環境問題」のはじまり

「人類」と「環境」——両者は切っても切り離せないほど密に関連している。17世紀の「科学革命」、18世紀から19世紀にかけての「産業革命」、また「科学の世紀」と呼ばれた20世紀という技術革新・産業発展の時代をこれまで人類は駆け抜けてきた。ところが、この輝かしい発展の裏には、「環境問題」という副作用が存在したのである。1962年に刊行されたレイチェル・カーソンの『沈黙の春』は、農薬による環境汚染について言及しており、人々の「環境問題」に対する認識を呼び起こすきっかけとなった。その刊行から50年以上が過ぎた今、環境問題は解決されるどころか、ますます拡大の傾向にある。

世界の中の環境問題

環境問題とは、「地球の自然回復力や自浄力を上回る速度での人間活動が、大気、土壌、水域を汚染し、気象や生態系に影響を与え、地球生物圏に生きるあらゆる生物の生存を脅かす、人間がもたらした問題」だといえる（丸山 2009）。世界は今も、地球温暖化、水汚染、オゾン層の破壊、酸性雨、異常気象、森林破壊、砂漠化、生態系の破壊、ゴミ問題、公害、戦争・紛争の影響など、さまざまな環境問題が山積みの状態にある。

近年の事例としては、マレーシアにおける大気汚染の深刻化が挙げられる。これが注目を集めるのは、大気汚染の主要な原因が一般的に考えられる工場の排煙や自動車の排気ガスによるものでなく、近隣国インドネシアの森林破壊にゆえんしているためである。パーム油などのプランテーションや土地開発を進めるにあたって熱帯雨林が焼き払われ、その煙霧がマレーシアまで到達していることから生ずるといわれている。この大気汚染は、人々の健康にまで悪影響を及ぼしつつある。現状が解決されなければ、他の周辺諸国への被害拡大も免れないであろう。

また、別の事例を挙げると、戦争・紛争で使用された核兵器の後遺症の一つである「劣化ウラン」も、自然環境はもちろん、人体にまでも多大な影響を及ぼしているといわれている。特に、1990年に始まった湾岸戦争では「戦車や戦闘機から米・英両軍合わせて約95万個（劣化ウラン約320トン分）の砲弾が広範囲に使われ」、その結果、地上戦に参加した米軍兵士だけでも43万人以上が被爆し、退役米軍人の4割以上が退役軍人省に対して何かしらの治療を求め、3割以上が白血病や肺がんなどの病気や障害に伴う補償を要求したと報告されている（丸山 2009）。当然のことながら、戦場となった現地の人々は、今もこの後遺症に苦しんでいる現状がある（ジョン・ピルジャー 2004）。

世界の環境問題への取り組み——「ミレニアム開発目標」の事例

日々深刻化する環境問題を世界も黙って見過ごしている訳ではない。世界が2015年までに達成すべき目標として掲げたミレニアム開発目標（MDGs）には「環境の持続可能性の確保」が含まれている（UNDP 2015a）。これは、2030年までの実現に向けて採択された持続可能な開発目標（SDGs）にも引き継がれている（UNDP 2015b）。世界で起きているこの問題は、やはりこの世界で暮らす私たちが、自分事としてとらえてアクションを起こしていくことが解決の鍵だといえよう。

[参考文献]

外務省、2015、「マレーシア及びシンガポール——ヘイズ（煙害）による大気汚染」、外務省海外安全ホームページ、〈http://www2.anzen.mofa.go.jp/info/pcspotinfo.asp?infocode=2015C291〉（2015年11月5日）。

ジョン・ピルジャー、2004、『世界の新しい支配者たち——欺瞞と暴力の現場から』、井上礼子訳、岩波書店。

西岡修三ほか、2009、『ファーストブック地球環境がわかる』、技術評論社。

原強、1998、『「沈黙の春」の世界——レイチェル・カーソンを語り継ぐ』、かもがわ出版。

丸山めぐみ、2009、『ラテンアメリカ・サハラ以南アフリカ・東南アジアの環境問題』、オアシス書房。

Global Leavolution Partners, Inc.、2015、「マレーシアで大気汚染深刻に健康被害可能性レベル到達」、〈http://www.mys-news.asia/news_ACUvK1i6A.html〉（2015年11月5日）。

UNDP、2015a、「ミレニアム開発目標」、UNDPウェブページ、〈http://www.jp.undp.org/content/tokyo/ja/home/sdg/mdgoverview/mdgs.html〉（2015年11月5日）。

UNDP、2015b、「持続可能な開発目標（SDGs）採択までの道のり」、UNDPウェブページ、〈http://www.jp.undp.org/content/tokyo/ja/home/presscenter/articles/2015/08/21/sdg.html〉（2015年11月5日）。

Column
コンゴの悲劇

　アフリカ大陸で2番目、世界全体でも第11位の国土面積を誇るコンゴ民主共和国は、人口も6700万人以上を有し、コバルトや銅、石油などの天然資源が豊富であり、世界的にも重要な国の一つである。しかしながら、コンゴは世界の中でも最も貧しい国の一つとしても知られる。国連開発計画（UNDP）の人間開発指数では、187ヵ国中186位に位置しており（UNDP 2013）、平均寿命は男性が48歳、女性が52歳（UNFPA 2013）。乳幼児の死亡率の高さが平均値を引き下げる一因である。また、紛争や独裁政治、天然資源の搾取など、豊富な資源を有するがゆえに、世界に翻弄されてきたといえる。

　この暗黒の歴史のはじまりは、1885年にまで遡る。当時、コンゴはベルギー国王の私有地「コンゴ自由国」として知られており、身勝手な国王により強制労働や残酷な刑罰が続けられ、数多くの人々が亡くなったとされる。1908年以降は、国王に代わってベルギー政府により植民地として支配された。1950年代の独立闘争を経て1960年に独立した後も、内戦や動乱により多くの犠牲者が生じた。

　1990年代には、隣国ルワンダ大虐殺の飛び火を受け、コンゴ東部紛争が勃発した。1998年から2008年の10年間における死者数は540万人にのぼり（米川2010）、コンゴ東部紛争は第二次世界大戦後「世界最大の紛争」といわれている。

　これほどの犠牲者が出ているにもかかわらず、コンゴ東部紛争は国際的にはそれほど知られていない。その原因の一つとしてメディアの問題が指摘される。コンゴ東部紛争には、政府関係者や武器商人、多国籍企業、警察など、さまざまな人々や組織が関与しており、その人々の多くが西欧の指導者や主要メディアと関係を持っているのである（米川2010）。また、このような状況において、世界のメディアが真実を報道することは難しく、国際世論も高まりにくい。

　第二次世界大戦後、紛争、内戦、極度の貧困などを経験してこなかった日本人にとっては、先のコンゴの話は遠く離れた世界の話のように聞こえるかもしれない。しかしながら、コンゴから採掘されるレアメタルの一部は、今や私たちの生活に欠かせない携帯電話やスマートフォンにも使用されている。これらが世界的に普及していくなか、レアメタルの需要も急増し、現地ではこのレアメタルの採掘により自然破壊や児童労働、紛争が続いている。

江嵜那留穂（国際学研究科博士課程前期課程）

［参考文献］
米川正子、2010、『世界最悪の紛争「コンゴ」——平和以外に何でもある国』、創成社。
UNDP. 2013. *Human Development Report 2013 The Rise of the South: Human Progress in a Diverse World*. New York: UNDP.
UNFPA. 2013. *The State of World Population 2013 Motherhood in Childhood Facing the Challenge of Adolescent Pregnancy*. New York: UNFPA.

教育

江嵜那留穂
国際学研究科博士課程前期課程

学校に通えない子どもたち

5700万人——これは、学校に通えない世界の子どもの数である（EFA Global Monitoring Report Team UNESCO 2014）。子どもたちの就学を阻害する要因はさまざまにあるが、問題は、大きく分けて「教育の量的拡充」の課題、「教育の質的向上」の課題、そして「教育マネジメント」に関する課題に分かれる（国際協力機構 2003）。

まず、教育の量（アクセスとも言われる）における課題として、不就学層の子どもたちは、経済的・地理的・環境的・社会的・文化的課題に直面している。最もわかりやすいのは、経済的要因であろう。家庭が経済的に困窮しているため、学費や制服代、教科書代が払えない、または家事や農業など労働に従事しなければならない子どもたちは学校に通いたくても通えない。また、徒歩で通える学校が近くにない、紛争が発生しているため安心して外出できないなど、地理的・環境的要因も子どもたちの教育機会に大きく影響する。事実、世界における不就学児童の約半数が紛争影響国に住んでいる（EFA Global Monitoring Report Team UNESCO 2014）。さらに、国によっては男尊女卑の伝統習慣が続いており、女子の教育へのアクセスが限られているなど、各国特有の社会的・文化的問題が子どもたちの就学を阻害する場合がある。

二つ目の課題は、教育の質に関する問題である。教育の質は、教室環境や教科書・教材の有無を含む教育環境に大きく左右されるが、子どもの学習効果に直接的に影響を与える重要な要素は、教員の質である。日本で教員になるためには、教職課程を履修し、教育実習や介護実習を経て採用試験に合格しなければならず、教員になった後も定期的に研修を受けなければならない。しかしながら、多くの開発途上国では、教員採用制度や研修制度が整っておらず、無資格教員も多い。例えば、西アフリカに位置するベナンでは、2011年時点で現職教員の47%しか訓練を受けていない（EFA

Global Monitoring Report Team UNESCO 2014)。教員の学力および指導力が低ければ、質の高い教育を提供することは不可能である。

　三つ目の課題は、教育のマネジメントに関する問題である。近年、グッドガバナンス（good governance）の重要性がうたわれるなか、多くの途上国では、教育行政における地方分権化が推進されている。そして、学校の裁量権の拡大やコミュニティとの連携強化など、新しい取り組みが実施されている（中山 2007）。しかしながら、実際には関連法の整備の遅れ、教育行政官の人数や能力の不足、施設や資機材の未整備など、さまざまな問題が山積しており、効率的に機能しているとはいえない（国際協力機構 2003）。

世界における教育開発の潮流

　途上国における教育開発の重要性については、1960年代からうたわれており、その開発理論は時代とともに変化してきた。1960年代は「近代化論」が開発理論の主流であった。これは、貧困削減には経済成長が欠かせず、途上国は工業化することにより発展できるとする考えである。そのため、工業化に必要な高度人材育成を目的として高等教育や職業教育に重きが置かれた。しかしながら、1970年代に入っても経済格差は縮小せず、貧困問題の解決には結びつかなかった。そこで、ベーシック・ヒューマン・ニーズ（Basic Human Needs: BHN）という概念が掲げられた。ここでは、基礎的な教育は基本的人権に含まれると考えられ、教育そのものが投資目的とされた（關谷・芦田 2014）。1980年代は、多くの開発途上国が経済危機や債務危機に直面したため、世界銀行および国際通貨基金（IMF）により構造調整政策が実施された。しかしながら、教育を含む社会セクターにおいて支出が大幅に削減されたため、子どもたちの教育機会は減少する（戸田 2015）。このような流れを受け、1990年にはタイのジョムティエンにおいて「万人のための教育（EFA）世界会議」が開催され、基礎教育の重要性がうたわれた。また、2000年には、セネガルのダカールにおいて「世界教育フォーラム」、ニューヨークにおいて「国連ミレニアム・サミッ

ト」が開催された。サミットでは、開発分野における国際社会共通の目標であるミレニアム開発目標（MDGs）が掲げられ、教育分野では初等教育の完全普及や男女格差の是正が目標とされた。

EFA および MDGs の成果

　世界的な開発目標である EFA および MDGs の達成期限の 2015 年を迎え、世界ではさまざまな成果が報告された。これらの開発目標が掲げられてから種々の教育プロジェクトが実施され、初等教育の無償化や学校建設などが進められた。そして、これまで教育を受けられなかった子どもたちに教育機会が与えられるようになった。開発途上地域における初等教育の純就学率は 2000 年の 83% から 91% となり、開発の最も遅れているサブサハラアフリカにおいては、20% も上昇した（United Nations 2015）。また、初等教育における世界の不就学者数は 2000 年から半減した（United Nations 2015）。しかしながら、公立学校の 1 クラスにおける子どもの数が増加したため、教育の質は下がったと言われる（中山 2007）。

　また、国内における教育格差の問題がある。例えば、ネパールは 1990 年に民主化し、経済が自由化された。2002 年を除いて、それ以降の経済成長が年平均 4.4% 程度で安定的に成長している（国際開発センター 2013）。特に首都のカトマンズでは中間層の台頭が著しく（畠 2007）、より良い教育を求める中間層は、子どもたちを街中の私立学校へ通わせることを望む傾向がある（Liechty 2003）。ネパール社会において、英語力および中等教育修了時（10 年生）に実施される全国共通卒業認定試験（School Leaving Certificate: SLC）の結果は、卒業後の進路を大きく左右すると言われている。私立学校は、英語を教授言語とするため、子どもたちは卒業するころにはある程度の英語力を身に着けている。また、SLC の合格率は、公立学校と比較して高い（畠 2007）。それゆえ、私立学校の子どもたちは、公立学校の子どもたちより進学や就職において幅広い選択肢を有し、よりレベルの高い大学への進学や条件の良い職業に就くことが可能となる。このように、受ける教育によって将来の道が大きく異なってしまうといった

事態が発生している。本来、教育は貧困の連鎖を断ち切り社会格差を是正するものとして期待されているが、むしろ貧困の格差拡大を後押ししてしまう可能性がある。

ポスト2015における教育

　2015年9月、ニューヨークにおいて「持続可能な開発サミット」が開催され、MDGsの後継である「持続可能な開発のための2030アジェンダ」が採択された。2030アジェンダでは、MDGsで残された教育、保健、衛生などの課題や国内格差の拡大といった新たな課題に対応するため、持続可能な開発目標（SDGs）が策定された。8つの目標および21のターゲットが設定されていたMDGsと比較すると、17の目標および169のターゲットから構成されるSDGsは、包摂性（inclusiveness）、持続可能性（sustainability）、強靱性（resilience）を重視している（国際連合日本政府代表部 2015）。目標に加えられた新たな分野は、エネルギー、消費・生産行動、海洋資源・海洋、都市・居住などである。また、最大の特徴は、途上国のみならず、先進国を含むすべての国が対象とされているという「ユニバーサリティ」にあり、その特徴が序文において5つのP（People：人間、Planet：惑星、Prosperity：繁栄、Peace：平和、Partnership：パートナーシップ）により表されている（国際開発機構 2015）。

　教育は、目標4に含まれており、「すべての人々への包括的かつ公平な質の高い教育を提供し、生涯学習の機会を促進する」とされている。政治宣言に「誰一人取り残さない（No one will be left behind）」とあるように、障害者や先住民、脆弱な立場にある子どもにも配慮がなされている。EFAおよびMDGsでは基礎教育に焦点が当てられていたが、SDGsは就学前教育から高等教育や職業教育までを対象としている。

　このようにSDGsは、MDGsの反省を受けて各国の異なる事情を考慮し、さまざまな分野やセクターを新たに目標およびターゲットに取り入れているが、総花的になってしまっている。そのため、目標達成はより困難なのではないだろうか。

[参考文献]

EFA Global Monitoring Report Team UNESCO 2014、2014、「EFA グローバルモニタリングレポート 2013/2014 概要 教えること・学ぶこと――すべての人に質の高い教育を」、柴尾智子・小荒井理恵・三宅隆史編、浜野隆訳、独立行政法人国際協力機構（JICA）。

国際開発機構、2015、「ポスト 2015 年開発アジェンダ実施に向けた開発資金調達の今後の展望」、国際開発機構、〈http://www.fasid.or.jp/activities/7_index_detail.shtml〉（2015 年 10 月 19 日）。

国際開発センター、2013、「平成 24 年度外務省 ODA 評価」、国際開発センター。

国際連合日本政府代表部、2015、「日本の国連外交」、国際連合日本政府代表部、〈http://www.un.emb-japan.go.jp/topics/resources.html〉（2015 年 10 月 19 日）。

關谷武司・芦田明美、2014、「国際教育開発の政策と開発現場」、栗田匡相・野村宗訓・鷲尾友春編、『日本の国際開発援助事業』、日本評論社、143-159 頁。

戸田真紀子、2015、『貧困、紛争、ジェンダー――アフリカにとっての比較政治学』、晃洋書房。

独立行政法人国際協力機構国際協力総合研修所、2003、『日本の教育経験――途上国の教育開発を考える』、独立行政法人国際協力機構（JICA）国際協力総合研修所 調査研究第二課。

中山嘉人、2007、「キャパシティ・ディベロップメントから見た教育マネジメント支援」、JICA 研究所、〈http://jica-ri.jica.go.jp/IFIC_and_JBICI-Studies/jica-ri/publication/archives/jica/cd/200703_aid.html〉（2015 年 10 月 19 日）。

畠博之、2007、『ネパールの被抑圧者集団の教育問題――タライ地方のダリットとエスニック・マイノリティ集団の学習阻害／促進要因をめぐって』、学文社。

Liechty Mark. 2003. *Suitably Modern: Making Middle-Class Culture in a New Consumer Society*. Princeton, NJ: Princeton University Press.

United Nations. 2015. *The Millennium Development Goals Report 2015*. New York: United Nations.

3 グローバリズムの光と影

産業革命から科学の世紀へ

吉田夏帆
国際学研究科博士課程前期課程

關谷武司
国際学部教授

産業革命がもたらしたもの

　教科書を開けば必ずといっていいほど登場する「産業革命」。18世紀から19世紀にかけて、イギリスをはじめとするヨーロッパの国々で起こったこの革命は、私たちの暮らす人間社会にどのような変化をもたらしたのだろうか。ジョン・ケイによる「飛び杼」や、ハーグリーヴズやアークライトらによる「紡績機」の発明は、それまで一本一本手作業で行われていた機織りや製糸の工程を機械化し、少ない人手とわずかな労力でも大量生産ができるような画期的な仕組みを作り上げた。それに伴い、人々のライフスタイルも農業中心から工業中心へと移り変わり、その結果、経済的に少し余裕のある「中間層」が生まれ、大量生産・大量消費を可能とする「消費社会」が定着していった。

　また、ニューコメンによって発明され、その後、ワットの改良により実用化にいたった「蒸気機関」（水蒸気によって生まれたエネルギーをさまざまな動力に転換する装置）は、機械技術の発展を後押しし、ヨーロッパにおける機械制大工業をますます推進させた。そして「蒸気船」や「蒸気機関車」の発明により、人々の移動できる範囲も格段に広がったことで、コロンブスやヴァスコ・ダ・ガマのように国内のみならず海外にまで足を延ばす者も出てきた。「産業革命」は、この一連の技術革新・産業変革によって、「社会構造の変化」を人間社会にもたらしたのである。

「科学の世紀」20世紀へ

　ヨーロッパに端を発した産業革命をきっかけに、現代にいたるまで、人類は目覚ましい発展を遂げることとなる。とりわけ、20世紀は「科学の世紀」と称されるほど、科学技術が躍進した時代だといわれている。

　18世紀から19世紀にかけて誕生した船舶や鉄道は、「輸送革命」を巻き起こし、当時の人々の移動やモノの輸送に大いに貢献してきた。それが20世紀にかけて発明された自動車や飛行機の登場により、ヒトやモノの移動・輸送時間はさらに大幅に短縮され、その移動範囲も世界規模へと拡大された。かつて海を渡るのすら命がけであった人類は、今や地球の裏側であろうと、安心・安全に、しかもわずかな労力と時間で自由自在に行き来できるようになったのである。

　世界中を自由に移動できるようになったのは、何もヒトやモノだけではない。電話、ファックス、ラジオ、テレビ、インターネットをはじめとする通信手段が急速に発達したことで、「情報」が世界中を縦横無尽に行き来するようになった。特に、コンピュータや携帯電話の発明は、これまでにないスピードで世界中へ広まり、「インフォメーション・テクノロジー（IT）革命」という旋風までも巻き起こした。

　さらに、1950年代から1960年代の日本で「三種の神器」や「3C」と呼ばれもてはやされた洗濯機や冷蔵庫、クーラー（空調機器）などの電化製品の発明は、これまで家事という名の重労働に囚われていた人々（とりわけ女性）や過酷な自然環境の中で生活していた人々を解放し、暮らしをより快適に変えていったのである。

世界の牽引役「先進国」、恩恵にあずかってきた「途上国」

　18世紀の産業革命から科学の世紀と称された20世紀にかけて、人類はあらゆる「発明」をもって世界に「革命」を起こしてきた。世界を変えたこの一連の技術革新のほとんどが先進諸国によって生み出されたことから、先進諸国が人類の発展に大きく寄与してきたことは間違いない。そして、先進諸国にとどまらず、途上国にもこの恩恵にあずかっている人々は

大勢いる。特に、携帯電話やスマートフォンの世界への波及効果は凄まじい。アフリカやアジアといった国々を訪れても、決して裕福な暮らしを営んでいるようには見えない人々までもが、スマートフォンを片手に道行く姿をしばしば目にするくらいである。

このように、先進諸国は現代にいたるまで「世界の牽引役」として、人類の発展を異次元のレベルにまで引っ張り上げてきた。しかしながら、「光あれば影あり」。グローバリズムに伴うこの輝かしい人類発展の裏側には、両手を挙げて歓待し難い現実も存在する。

[参考文献]
アダム・ハート＝デイヴィス編、『世界を変えた技術革新大百科』、荒俣宏監修、佐野恵美子・富岡由美訳、東洋書林。
大澤真幸・吉見俊哉・鷲田清一編、2012、『現代社会学事典』、弘文堂。
ジャック・チャロナー編、2011、『人類の歴史を変えた発明1001』、小巻靖子ほか訳、ゆまに書房。
中本繁実監修、2008、『面白いほどよくわかる発明の世界史』、日本文芸社。
橋本毅彦、2013、『近代発明家列伝――世界をつないだ九つの技術』、岩波書店。

グローバル化のはじまり ──「大航海時代」

はじまりは「大航海時代」

ヨーロッパにおける一連の技術革新および産業発展を支えた「大航海時代」。15世紀から17世紀にかけて続いた、別名「大発見時代」とも呼ばれたこの時代に、なぜ冒険家たちは危険を顧みず世界へ飛び出したのだろうか。その理由として、第一に、イタリアの商人であり旅行家でもあったマルコ・ポーロの『世界の記述』が挙げられる。彼の旅行記によって「黄金の国ジパング」をはじめとする東方（アジア）地域がヨーロッパに紹介されたことで、冒険家たちの東方（に眠っていると噂されていた黄金）へ

の関心は高まりを見せていた。第二に、「布教のための航海」が挙げられる。ルターやカルヴァンらによって生じた宗教改革により、ローマカトリック教会はその腐敗を批判され、ヨーロッパにおける権威は失墜していった。そうした状況のなかで誕生した「イエズス会」はヨーロッパのみならず世界全域にローマカトリック教会の考えを布教する中心的存在であった。第三に、東方貿易における「新航路開拓の必要性」が挙げられる。当時のヨーロッパの人々が生活する上で、スパイスをはじめとする香料は、肉の腐敗防止や味付けなどのために不可欠であった。それにもかかわらず、香料の生産はアジア地域に限定されており、かつ香料貿易はイスラム商人に独占されていたため、ヨーロッパ諸国は彼らを介さずにアジア地域から香料を直接輸入できる新航路を渇望していた。

このような経緯から、ヨーロッパの冒険家たちは世界へ飛び出し、ディアスは喜望峰（アフリカ南端の岬）を、ヴァスコ・ダ・ガマはインドを、コロンブスはアメリカ大陸を「発見」し、マゼラン一行は世界一周という偉業を達成したのである。

大航海時代の功罪

冒険家たちが果敢に海を渡った結果、世界はどうなったか。さらなる経済成長・発展を目的としたヨーロッパから、アフリカやアジア、アメリカ大陸は植民地支配を受けることとなった。そして、現地の香料、絹、陶磁器、茶、白檀、金、銀など、あらゆる資源がヨーロッパの人々によって収奪され、その土地は砂糖、コーヒー、タバコなどの農地として、先住民たちは農業や金銀採掘の労働力として利用された。また、金、銀などお宝を求めて新大陸に上陸したヨーロッパの人々は、自分たちに従わないからという理由で先住民たちを無作為に殺くしたり、時には、「狩りの対象」として先住民たちを追いかけまわしたりしていた。また、ヨーロッパの冒険家たちは、天然痘をはじめとする「伝染病」を新大陸にもたらし、それによってたくさんの罪なき先住民たちが命を落とした。その結果、「労働力」としての先住民が足りなくなった解決策として、ヨーロッパの人々は、労働

力補充のためにアフリカの黒人を「奴隷」として連れてくることを思い付いた。このような経緯から、奴隷貿易は一種の「商売」として世界中に広まり、白人たちは利益拡大のために黒人たちを非人道的に利用し続けることで、莫大な利益を手にしたのである。

グローバル時代の幕開け
　イギリスやフランスをはじめとするヨーロッパの国々は、大航海時代を経て、これまで未知で途方もなく広かった「世界」を掌握し、一体化させた。もしも「地球規模でヒト・モノ・カネ、それに加えて情報が行き交う時代」を「グローバル時代」と呼ぶならば、この大航海時代は「グローバル時代の幕開け」といえるのではないだろうか。そうであるならば、世界を股にかけて経済活動を行っていた当時のヨーロッパの人々こそが「グローバル人材」ということになる。それは、果たして真実だろうか。「グローバル人材」とは、当時のヨーロッパの人々のような人間をいうのだろうか。そのような人材は、現代を生きる私たちが本当に目指すべき「グローバル人材」なのだろうか。

[参考文献]
大澤真幸・吉見俊哉・鷲田清一編、2012、『現代社会学事典』、弘文堂。
清水馨八郎、2001、『侵略の世界史——この500年、白人は世界で何をしてきたか』、祥伝社。
トーマス・R・バージャー、1992、『コロンブスが来てから先住民の歴史と未来』、藤永茂訳、朝日新聞社。
増田義郎、2008、『図説大航海時代』、河出書房新社。
森村宗冬、2003、『大航海時代』、新紀元社。
ラス・カサス、1976、『インディアスの破壊についての簡潔な報告』、染田秀藤訳、岩波書店。
綿引弘、2011、『世界の歴史がわかる本〈ルネッサンス・大航海時代〜明・清帝国〉篇』、三笠書房。

Column

アボリジナルの悲劇

　日本の遥か南方に、オーストラリアという大陸がある。「不毛な大地」と称されるほど極度に乾燥したこの土地で、数万年前から暮らしてきたのが「アボリジナル」と呼ばれる先住民たちである。彼らはその地理的背景から他の大陸と隔絶され、域内で混血を繰り返しながら、狩猟採集民として独自の文化や世界観を築いてきたといわれる。

　ところが、1788年に始まったイギリス人の入植により、事態は急変した。鈴木（1993）によれば、イギリス人の入植からオーストラリア連邦発足までの113年間に、植民初期に30万人いたアボリジナルはおよそ4分の1にまで激減したというのである。何が、これほどまでアボリジナル人口を減少させたのだろうか。第一に、他大陸の人々の入植によってもたらされたとされる、天然痘などの「感染症」の流行が挙げられる。これらの病により、多数のアボリジナルたちが犠牲になったといわれている。第二に、今では信じ難いかもしれないが、「白人たちによる非人道的行為」がアボリジナル人口の減少に拍車をかけていたことが挙げられる。彼らは、アボリジナルを「狩り」の対象として撃ち殺したり、毒殺したりすることすらあったといわれている。こういったヨーロッパ系の白人たちの非人道的行為を下支えしていたのが、「社会進化論」という「白人は優勢人種で、それ以外は劣勢人種」という論理であったと考えられる。恐ろしいことに、この論理がアボリジナルに対する非人道的行為を「合法化」していたという史実も存在する。また、その後もアボリジナルに対する差別意識は薄まることはなかった。アボリジナルの子どもや白人との間に誕生した子どもは「進んだ文化」である白人社会の下で立派に育てられるべきという論理から、「親元から引き離して白人家庭や寄宿舎で養育する」という政策が施行されたりもした。このように不遇な目に合わされた彼らは「盗まれた世代」とも称され、自身のアイデンティティの喪失をはじめ、今もあらゆる問題に苦悩している。

　悲劇はいつも、「自分が正しい」という思い込みから始まるのではないだろうか。人々が初めてアボリジナルと遭遇したとき、自分たちと彼らの「違い」を認めて尊重する心の強さと寛大さがあれば、世界は何か変わっていたかもしれない。

吉田夏帆（国際学研究科博士課程前期課程）

［参考文献］
青山晴美、2008、『アボリジニで読むオーストラリア もうひとつの歴史と文化』、明石書店。
鈴木清史、1993、『世界差別問題叢書・5 増補アボリジニー』、明石書店。
松山利夫、2006、『ブラックウェイ オーストラリア先住民アボリジナルの選択』、御茶の水書房。

植民地支配

江嵜那留穂
国際学研究科博士課程前期課程

關谷武司
国際学部教授

暗黒の植民地支配

　19世紀後半から20世紀にかけて、世界中で植民地支配が行われることとなった。その実情や背景を、アフリカ大陸を例にとって振り返ってみよう。旧宗主国の都合により国境線が引かれ、政治・経済による支配がはびこった時代。このような植民地支配の時代が、それ以降のアフリカの発展速度を決定づける重要な原因となった。

ヨーロッパ列強によるアフリカ征服および分割

1）征服の背景

　そもそも、ヨーロッパ列強によるアフリカ征服はどのように始まったのか。19世紀前半以前、ヨーロッパ諸国は海岸部においてアフリカの内陸部を支配する王国とのみ交易しており、内陸部のことはそれほど把握していなかった（Kwamena-Poh ほか 1997）。しかしながら、19世紀中ごろよりデイビッド・リビングストンやヘンリー・モートン・スタンリーによるアフリカ探検が始まり、アフリカ内部において豊富な資源が発見される。産業革命を迎え、工業のための原料や工業製品の市場が必要であったヨーロッパ諸国は、これまで奴隷や象牙などの珍品の供給地であったアフリカ大陸を、次は植民地として支配することを画策した。

　他方、産業革命を機に、ヨーロッパ人は自国の価値観、文化、技術などに自信を持つようになり、他の人々のことは低く評価していた（草光・北川 2013）。そのため、アフリカ人を未開の人々とし、彼らに宗教や文化、言語などを与えることにより、アフリカを文明化させることを、ヨーロッパ諸国の使命としてとらえたといわれている。

2) アフリカ分割

アフリカの地図を見ると、他の大陸とは異なり、不自然な形をした国が多い。まるで定規で線を引いたような直線で分かれている。それには、1884年から1885年に開催されたベルリン会議における議論が関係する。この会議には、イギリス、スペイン、ドイツ、フランス、イタリア、ベルギー、ポルトガルなどのヨーロッパ12ヵ国およびアメリカ、オスマン帝国（現在のトルコ）が参加し、アフリカをどのように分割するのかといった話し合いが実施された。この分割は、土地区分、民族構成、民族の歴史や文化、慣習や生活を全く考慮しない非常に不合理なものであった。

現在、アフリカでは多くの民族紛争や内戦が発生しているが、その火種となっているのはこの不合理な分割であるといっても過言ではない。この分割により、今まで自分の土地であったところが他国になり、同民族の人々が外国人になり、対立民族が同じ土地に住むことになるといったことが起きてしまったのである。現代に生きる私たちが新聞やテレビで報道されているニュースのみを見ると、それぞれの紛争や内戦は複雑すぎて理解できないように見える。しかしながら、そのほとんどの不幸の根源はここにあると言えよう。

直接統治および間接統治

19世紀後半から20世紀前半にかけて、リベリアおよびエチオピアを除くアフリカ全土は、ヨーロッパ列強の植民地となる。この植民地の統治方法は、大きく間接統治および直接統治の二つに分けられ、宗主国によって方法は異なる。この統治方法も、現在にいたる民族紛争やその他の途上国が抱える課題につながっている。

間接統治は、ヨーロッパとアフリカは異なる文化を持つという考え方が前提にあり、もともと現地において実施されていた政治システムを用いることが最も適しているとする考えに基づいている（草光・北川 2013）。植民地において間接統治を採用していたイギリスなどの宗主国は、自分たちでその国を直接的に統治するといったことはせず、現地の首長や王といっ

たある一定のアフリカ人に大きな権限を与えることによって、植民地を管理させていた。

　この統治方法は植民地において混乱と対立をもたらすことになり、その影響は現在にも及んでいる。例えば、中部アフリカに位置するルワンダでは、1994年に大虐殺が発生し、3ヵ月といった短い期間に80万人もの人々が命を落とした。この背景には、ツチ族（人口の約15％）およびフツ族（約85％）の対立の歴史があったと言われている（大津 2010）。もともと両民族は一つの民族であり、遊牧民族か農耕民族かといった違いしかなかった。しかしながら、植民地時代にベルギーにより間接統治され、ツチ族が政治的、社会的に優遇されたため、同民族間において対立が生まれたのである（大津 2010）。そして、フツ族の長年の恨みが1994年に爆発し、大虐殺にいたった。さらに、悲劇は国内のみにとどまらず、隣国のコンゴにまで飛び火した。その結果、コンゴ紛争が展開されることとなった。

　他方、直接統治は主にフランスによって採用されたものであり、それは同化政策とも呼ばれる。自国の文化に誇りを持つフランス人は、フランス文明のエッセンスをアフリカ人に与えることにより、フランス人のようになることを期待した（草光・北川 2013）。アフリカの植民地はフランスの州の一つとされ、フランスの地方行政システムや学校制度、フランス語が導入された。しかしながら、この対象は一部の人々に限られており、対象外の者は非フランス市民とされ、言論、移動、出版の自由はなく（草光・北川 2013）、教育の機会も十分に得られなかった。現在、途上国において識字率の低さが問題視されているが、その原因の一つとしてこのような歴史が挙げられるのではないだろうか。

［参考文献］

Kwamena-Poh Michael・Tosh John・Waller Richard・Tidy Michael、1997、『ダイナミック・アフリカ――地図に見るアフリカの歴史』、保科秀明訳、古今書院。

草光俊雄・北川勝彦、2013、『アフリカ世界の歴史と文化——ヨーロッパ世界との関わり』、放送大学教育振興会。

大津司郎、2010、『アフリカンブラッドレアメタル—— 94年ルワンダ虐殺から現在へと続く「虐殺の道」』、桝本誠二編、無双舎。

政治介入

吉田夏帆
国際学研究科博士課程前期課程

關谷武司
国際学部教授

二度の世界大戦を経て

　17世紀から18世紀にかけて起こった近代市民革命は、人々の「人権」に関する認識に多大な影響を及ぼした。その結果、フランスの人権宣言をはじめ、ヨーロッパやアメリカでは「人権宣言」を含む憲法がつくられるようになった。ところが、これらの人権宣言は一部の人々の権利を保障したものに過ぎず、先住民や黒人奴隷たちなど「それ以外の人々」の権利はなおざりにされてきた。その後、1914年から1918年にかけて戦われた第一次世界大戦に参戦した先進国は、自分たちの行動を省み、これ以上残虐な戦争はあってはならないと「国際連盟」を立ち上げた。それにもかかわらず、その約20年後、先進国は第二次世界大戦を戦うこととなった。そして、今度こそこのような過ちがあってはならないと、国連憲章前文に掲げる「われらの一生のうちに二度まで言語に絶する悲哀を人類に与えた戦争の惨害から将来の世代を救い、基本的人権と人間の尊厳及び価値と男女及び大小各国の同権とに関する信念」（国際連合広報センター 2015）に基づき、1945年に「国際連合（UN）」が設立された。さらに、その3年後にフランス・パリにて開催された国連総会において、すべての人間と国家が達成すべき共通の基準として、「世界人権宣言」が採択された。幾度も繰り返してきた過ちを教訓に、世界はようやく本腰を入れて「公正な世界」を目指す姿勢を示し始めたのである。

人類は本質的に「賢く」なれたのか

　戦後、「世界人権宣言」をはじめ、「パリ宣言」や「貧困削減文書」「ミレニアム開発目標（MDGs）」などにも見られるように、世界は格差是正に向けてさまざまな取り組みを開始した。現代を生きる私たち人類は、二度の世界大戦という悲劇から本当の意味で学び、成長し、賢くなれたのだろうか。

　一例として中米地域を見てみよう。別名「バナナ共和国」とも呼ばれるニカラグアやホンデュラスといった中米諸国では、「安価な労働力で大量生産が可能な土地」として、戦前からアメリカのバナナプランテーションとして利用されてきた。アメリカ資本は、生産品輸送のために、鉄道や港湾設備を中米諸国に投資した。そして、現地の支配者層と連携し、中米諸国にバナナ生産のための強固な基盤を築き、利益拡大を図っていた。当の中米諸国はこれらの恩恵もあり経済も少なからず潤ったものの、同時にアメリカの介入なしでは国が成り立たないほど依存を強める事態に陥っていった。また、アメリカは自国の国益に反する現地政権であればクーデターを起こすなどして転覆させ、アメリカの政策方針に協力的な独裁者が実権を握るよう裏で動くことすらあった（島崎 2000）。このように、中米諸国は経済的・政治的関与をアメリカから受けたことで、今もこの支配の構図から抜け出せないでいる。それゆえ、中米地域は「アメリカの裏庭」ともいわれている（オリバー・ストーンほか 2013）。

　他にも、近年生じた他国による介入の事例として、2014年2月にウクライナの親ロシア政権崩壊という政変に端を発した「ロシアのクリミア侵攻」が挙げられよう。クリミアはウクライナ南端に位置し、1954年にウクライナに移管された自治共和国である。このクリミアに、ロシアは「ウクライナで異常事態が起きており、それによって我が国民やクリミアに駐留している我が国の軍人が危険な状況下にある」という主張を掲げて乗り込んだ（CNN 2014）。それからロシアによって、クリミアの地方政府庁舎と議会の建物が占拠され、続いてクリミアの首都にあるシンフェロポリ空港をはじめとする交通機関やウクライナの軍施設までも制圧され、最終

的にはクリミア自体がロシアに編入されるにいたったのである（防衛省 2014）。このロシアによるクリミア編入については、西側諸国（とりわけアメリカ）からは非難を浴びたものの、クリミアの国内では賛否両論あったという（菅野 2014）。いずれにせよ、一国の政治にここまで他国が介入するのは問題ではないだろうか。

　これらの事例を見てもわかるように、一見平和に見える世界にも、実は形を変えた「支配」や「戦争」が今も横行しているのである。

[参考文献]

オリバー・ストーン、ピーター・カズニック、2013、『オリバー・ストーンが語る　もうひとつのアメリカ史 3　帝国の緩やかな黄昏』、金子浩・柴田裕之・夏目大訳、早川書房。

黒川祐次、2002、『物語ウクライナの歴史』、中央公論新社。

公益社団法人アムネスティ・インターナショナル日本、2015、「世界人権宣言ってなんだろう？」、〈http://www.amnesty.or.jp/human-rights/music-and-art/passport/universal_declaration.html〉（2015 年 11 月 4 日）。

国際連合広報局、2015、『国際連合の基礎知識［2014 年版］』、八森充訳、関西学院大学出版会。

国際連合広報センター、「国際連合憲章」、国際連合広報センターウェブページ、〈http://www.unic.or.jp/info/un/charter/〉（2015 年 11 月 3 日）。

篠原初枝、2010、『国際連盟世界平和への夢と挫折』、中央公論新社。

島崎博、2000、『中米の世界史』、古今書院。

菅野泰夫、2014、「ユーロウェイブ＠欧州経済・金融市場 Vol.18　侵攻ではないロシアの軍事圧力」、大和総研、〈http://www.dir.co.jp/research/report/overseas/europe/20140306_008296.pdf〉（2015 年 11 月 5 日）。

防衛省、2014、『平成 26 年版防衛白書』、日経印刷。

CNN、2014、「ウクライナ情勢 ロシアが軍事介入へ、米大統領は懸念を表明」、〈http://www.cnn.co.jp/world/35044656.html〉（2015 年 11 月 5 日）。

Column
ジャマイカ人がジャマイカ人になるまで

　レゲエの発祥地として有名なジャマイカは、美しいビーチや豊かな自然に囲まれたカリブ海に位置する島国である。現在、ジャマイカには、多くのアフリカ系の黒人が暮らしている。外務省のデータによると、同国におけるアフリカ系民族は91％とされる。彼らの祖先たちは、どのようにしてアフリカ大陸からジャマイカに移り、"ジャマイカ人"となっていったのか。
　ジャマイカは、1494年にコロンブスによって"発見"された。当時、この地にはアラワク族と呼ばれる先住民が住んでいたが、スペインにより植民地支配されることとなる。そして、アラワク族の人々は強制労働を強要され、容赦なく酷使された。そのため、アラワク族の人口は次第に減少していった。さらには、スペイン人が自国から持ち込んだ病原菌により耐性を持たないアラワク族は次々と命を落とし、ついには絶滅してしまう（バレット1996）。
　そこで、支配側であるスペイン人は、西アフリカの人々を新たな奴隷としてこの地へ連れてきた。この人々が、現在のジャマイカ人のルーツに当たる。
　その後、ジャマイカは1670年にイギリスの植民地となり、多くの人々が奴隷として劣悪な環境に置かれる。そして、過労や飢えによる死亡が相次ぎ、奴隷労働力の"輸入"は加速する。このジャマイカの奴隷時代は、コロンブスによる"発見"から奴隷制度廃止まで300年以上続いた。
　現在、同国は美しい海や雄大な自然を有する人気のリゾート地の一つとして知られる。しかしながら、その歴史を振り返ってみると、過酷な植民地支配や抑圧といった悲壮な一面も有していることがわかる。

江嵜那留穂（国際学研究科博士課程前期課程）

［参考文献］
ジャマイカ基礎データ、外務省、〈http://www.mofa.go.jp/mofaj/area/jamaica/data.html#section1〉（2015年10月19日）．
レナード・E. バレット、1996、『ラスタファリアンズ レゲエを生んだ思想』、山田裕康訳、平凡社．

経済による支配

江嵜那留穂
国際学研究科博士課程前期課程

關谷武司
国際学部教授

批判高まる新植民地主義

　第二次世界大戦後、多くの植民地は次々と"独立"を果たし、新しい一歩を踏み出した。しかしながら、そのほとんどは形式上の独立であり、旧宗主国による植民地からの経済搾取はその後も続き、この経済支配は「新植民地主義」と称される。

　新植民地主義は、第二次世界大戦前のヨーロッパ諸国による植民地支配と同様に「旧植民地・従属諸国を農産物、原料の供給源として、工業製品の販売市場として、また資本輸出の市場として確保し、収奪と搾取をほしいままにする本質」を有している（平田 1969）。戦前の植民地支配と異なる点は、あからさまに軍事力を行使するのではなく、新しい形、すなわち政治や経済によって支配する点である。

植民地時代から続く経済支配

　現在、多くのアフリカにおける途上国はモノカルチャー経済構造にある。生産や輸出において一次産品に依存しているため、国際市場価格の変動などの外的な影響を受けやすく、脆弱である。国際市場価格が下落すると人々の収入は激減するため、貧困層はさらに過酷な生活へと追いやられることとなる。

　多くの途上国は、このような状況から脱却するために工業化を目指すものの、容易にはこの経済構造から抜け出せずにいる。この背景には、ヨーロッパ列強による植民地支配の歴史がある（宮本・岡倉 1984）。つまり、植民地時代、ヨーロッパ列強は、植民地を資源の供給国としてとらえ、そこから安価な原料を獲得することを目的としていた。そのため、アフリカではコーヒーや綿花、サトウキビなどの大規模なプランテーション経営が

長らく実施され、旧植民地は工業化の基盤を整えることができなかった。さらに、これらの国々は、独立後も外貨を獲得するためにモノカルチャー経済を継承せざるを得なかったために、現在でもモノカルチャー経済による苦悩から脱却できない状態にある。

構造調整政策の失敗

1960年代に先進国および途上国間の南北問題が指摘されて以来、国際社会では経済格差是正を目標にさまざまな取り組みが実施されてきたが、援助の歴史を振り返ると、世界における貧困削減に貢献すべきである援助が本来の機能を発揮せず、逆に貧困国をさらに劣悪な環境に追い込んでいるケースが散見される。その一例が1980年代に国際通貨基金（IMF）および世界銀行により実施された構造調整政策である。

1980年代、多くの途上国が債務危機や経済危機に見舞われ、それに対処するために構造調整政策を強いられた。債務返還に支障をきたした途上国は、国営企業の民営化や規制緩和、金融の自由化などを要求され、各国の政策は、政府主導の政策から市場経済を重視した政策に大きく転換する。その結果、多くの途上国において基幹産業が民営化された。これはどういうことを意味するのか。

ある一国の水や電気、情報通信といった公共インフラを取り扱う国有企業が入札制度により民営化される。入札には、国内企業のみならず、多国籍企業も含められる。ところが、途上国の企業は、十分な資産や施設を有していないことが多いため、多大な資産を有する多国籍企業との競争に勝つことは難しい。その結果として、国内の基幹産業は多国籍企業に牛耳られることとなる。

企業とは、営利を追求するものであり、国民の公共福祉を第一に考えることはしない。そのため、水や電気といった人々の生活に欠かせない公共物は、ビジネスの取引材料となる。そして、弱者である途上国における特に貧困層の人々は、公共物にアクセスすることが困難になり、さらに劣悪な環境に追い込まれることとなる。

このように、構造調整政策は、貧困を削減するどころか貧困層を増やし、途上国における社会サービスやインフラを崩壊させた（草光・北川 2013）。現在における貧困問題は、決して途上国のみの問題とはいえないのではないだろうか。

[参考文献]

草光俊雄・北川勝彦、2013、『アフリカ世界の歴史と文化――ヨーロッパ世界との関わり』、放送大学教育振興会。

平田好成、1969、「新植民地主義と第三世界――フランス新植民地主義を中心として」『国際政治』、日本国際政治学会編、第 39 号、50-64 頁。

宮本正興・岡倉登志、1984、『アフリカ世界――その歴史と文化』、世界思想社。

4 これからの「狭い世界」に必要とされる人材

日本のなりたちと日本人の生き方

關谷武司
国際学部教授

日本列島の原型ができたのが 1000 万年以上前で、人類がこの地に到達したのは 5 万年前程度といわれている。それ以降も断続的に海を渡ってきた民族もいるだろう。そして、居ついた多数の者たちとその子孫は、この限られた列島の中で長い時間を過ごす。文字を持たなかった時代の状況は定かではないが、神社で使われる皇紀によれば、今年（西暦 2016 年）は日本の建国 2676 年という、長い歴史を持つ国となっている。

その間、地震、津波、台風、大雨、干ばつ、それに加えて内戦も絶えずあったのだろう。それでも、日本人が限られた国土で永永と暮らしてして

きた過程で培われた、共存の知恵があるのではないか。

　「日本人はノーといわない」「何を考えているのかわからない」などと、外国人からよくいわれるが、長い時間の中で、同じ地理的環境、社会的環境、生活様式、意識、文化、価値観などを共有してきたからこそ、相手や周りに対する「気配り」や「慮り」といった細やかな心遣いが発達してきたのではないか。また、そういう人的・社会的環境の中では、血の通わぬ法律で裁く前に、社会共通の道徳で事が処理できる、そういう民族社会を醸造してきたのではないのだろうか。

　他方、常に異民族が入り乱れ、共有するバックグラウンドがほとんどない者同士が交じり合う国では、まずは話さなければ何もわからない、自己主張しなければ無視されるのは当たり前。それが世界だとすれば、世界の人たちからは、日本人は真にわかりにくい民族となろう。まさに、「日本人は何を考えているのかわからない」。

　だから、日本人がグローバル人材になるためには、世界の標準に合わせて、語学を磨き、意識を変えて自己発信、自己主張に努めることが第一歩。ディベートなどで論理力も鍛えよ。

　さて、本当にそうなのだろうか。

日本ならではのグローバル人材

　近年、さらに世界的拡散を見る日本食ブーム、そして日本のアニメブーム。日本のファンが増えつつあるが、それは単に極東の異文化見たさという理由だけではないだろう。日本人の生き様にまで興味関心が及ぶ日本文化の発見とでも言えようか。2020年の東京オリンピック招致に成功したときのキャッチフレーズ、「おもてなし」の精神はその一例ではないだろうか。職場や地域社会で日本人を知る外国の人たちが、異口同音に日本人の他者への心遣いを挙げてくれる。

　日本の細やかな心配りが、今世界に注目されるのはなぜか。

かつて、この地球は、人間にとって限りなく広い無限の空間であった。それが、移動手段の発達、経済発展と食料増産による人口増加によって、あっという間に地球上の隅々まで人類があふれかえる時代となった。少し極端だが、誰かが背伸びをすれば誰かはしゃがまざるを得ない。地球という惑星は、そういう窮屈な環境となった。それでも今まで通り自己主張を繰り返せば、自ずと摩擦や軋轢が生まれるのは当たり前だろう。世界大戦が二度行われ、それ以降も争いが絶えない世界の姿は、実は日本の戦国時代から江戸幕府成立までの状況にそっくりではないか。20世紀末にはアメリカという覇権国家が出現し、21世紀に入れば新興勢力の勃興で多極化へと向かいそうな情勢は、江戸幕府安泰期から幕末への姿とダブって見える。

　厚かましくも、世界は日本の歴史を後追いしていると大胆な仮説の提示を許してもらえるなら、遠からず、世界が日本人的「和の精神」で共存を目指すべきと気づくのではあるまいか。明治になってから、日本に住む藩の住人が自らを「日本人」と理解したように、世界中の人間が「世界市民」と自覚するときがやってくる⁉　それにはまだ随分と時間が必要なのであろうが、世界が日本の生き方を学ぶときが、来るのではないか。

　希望的観測に過ぎるといろんなところからお叱りを受けるかもしれないが、「ノーと言えないこと」を卑下して自らを変えるのではなく、そういう特質こそを活かして、世界に独自の貢献ができる日本人グローバル人材があり得るのではないか。

　世界に求められるグローバル人材とは、世界を股にかけて、力や金や情報操作で、弱い者を踏みつけて平気な者たちではないはず。「世界が待ち望むグローバル人材」とは、どういう人物でなければならないかは歴史が明示しているのではないか。

歴史と人間を知り良心を持つ者

　科学技術や情報通信技術（ICT）の発達とともに、飛行機やインターネットの利用が日常化し、今や世界は狭くなった。地球の裏側の情報を瞬時に受け取ることができるようになり、世界のさまざまな価値観や習慣があることも、欧米のフィルターを通した情報によってだけでなく、その気になれば直接把握できる時代に入った。

　世界中の個々人が多様な情報に触れることで意識啓発されるなか、もはや特定の力のある国や組織が独善的に世界を支配する時代ではなくなりつつある。それぞれの文明や文化に優劣をつけて価値観を相手に押し付けるやり方も通用しなくなってきた。

　明治期の近代化以降、日本は欧米から取り入れた個人主義と、多くの日本人がもともと持っていた共同体の一員としての意識・価値観の狭間で揺れ続けきた。そして、今なお、現代の日本人に合った生き方を模索しているのではないだろうか。

　日本の歴史や人々の価値観の変化は、実は世界の多くの途上国・地域が経験してきたことと共通する部分がある。欧米から強烈な文明が入ってきたことで、日常の生活や社会の姿が一変する。しかし、同時に多くの「失われたもの」がある。そうした過去の歴史や自らのルーツを知り、他国との共通点や違いを探ることで、これからの時代にふさわしい生き方ができるのではないだろうか。

　変貌を遂げる世界において、その世界の一員として、日本ならではの価値観を伝え、途上国を含めた世界に歓迎される生き方を自覚していくべきではないだろうか。自分だけの利益や勝利ではなく、「良心」を優先した、まさに日本型のグローバル人材が国際社会に求められている。

Column
宗教の壁

　「グローバル化」という言葉が使われるようになって久しい。グローバル化は、科学主義や法治主義、資本主義、自由主義、民主主義といった近代の「欧米的な価値観の広がり」ととらえられる面があり、時に各国・地域の文化や伝統、しきたり、常識など個別の事情を標準化してしまうことがある。
　世界のいたるところで今、民族紛争が噴出しているのは、このグローバリゼーションを通じて富の不均衡や支配の力を感じとり、不安や不満を覚えているからともいえる。一方、宗教は、一人ひとり異なる個別の物語に注目する側面があり、グローバル化がもたらす「一般化・平準化」とは別の方を向いている。
　阿満利麿によれば、日本では「無宗教」を標榜する人が少なくないが、「特定の宗教・宗派の信者ではない」という意味で、無宗教＝無神論という訳でもない。日本人の宗教心についてのある調査では、約7割が「無宗教」と答えているが、そのうち75％は「宗教心は大切だ」とも答えている。一見、矛盾しているようだが、日本には先祖を大切にする心など、いつ、誰によって始められたかわからない自然発生的な独特の宗教観がある。それはキリスト教やイスラームのように、特定の人物が特定の教義を唱えてそれを信じる人たちがいる宗教、「創唱宗教」とは少し異なる。そのような「自然宗教」的な感覚で「創唱宗教」を見ると、人生における矛盾や不条理を根本的に解決しようとしている点を「こわい」と感じる面もあるかもしれない。また、日本人が「無宗教」を標榜するのは、人生の深淵をのぞき見ることなく生きていきたいという楽観的人生観への希望の現れ、という見方もある（阿満1996）。
　途上国をはじめ海外での生活を経験する日本の若者の多くは、日本ではなかなか感じることのない「宗教の壁」にぶつかることがある。そこで大切なのは、それぞれの宗教観を変えることではなく、理解できない部分であってもまず敬意を払うことだ。「宗教の壁」を越えることは容易ではないが、越えられなければ、穴をあけて突破することができるかもしれない。グローバル人材とは、そんな気概と柔軟性をもって、異なる宗教観を持つ人々にも寛容でいられることから始まるのだろう。

岩野祐介（神学部准教授）

［参考文献］
阿満利麿、1996、『日本人はなぜ無宗教なのか』、ちくま新書。

語学ができることの真の重要性

神余隆博
副学長・国際連携機構長

21世紀のリンガ・フランカ（lingua franca）としての英語

　外交という舞台を例に取るならば、ナポレオン時代以降は特に欧州を中心として外交で用いられていたリンガ・フランカ（共通語）はフランス語であった。その後の国際連盟の時代も、第二次世界大戦前後までフランス語ができなければ外交も社交もおぼつかない時代であった。しかし、第二次世界大戦におけるアメリカの勝利と超大国としての世界的な影響力の増大に伴って、第二次世界大戦後今日にいたるまで英語というか米語がリンガ・フランカとしてあまねく広まっている。

　おそらく今後も相当長い間、英語がリンガ・フランカとして影響力を持ち続けるものと思われる。昨今、アメリカに対抗して中国がその影響力を増してきている。21世紀はアメリカと中国が支配する世界（G2）になるとの見方もあるが、日本語同様、表意文字を中心とする漢字文化は、話すことはともかく読み書きの面ならびにデジタル化という観点からみても相当な困難が存在するために、おそらく英語のような普及力は持たないものと思われる。したがって、世界の政治・経済的なバランスがどのように変化しようとも、おそらく21世紀のリンガ・フランカは英語であり続けるだろう。

　以上を前提として考えるならば、グローバルなコミュニケーションを可能とするためには、非英語文化圏の国としてはリンガ・フランカとしての英語を習得する以外に王道はない。しかし、これは英語による覇権状態を意味するものであり、政治・経済はもとより教育や文化の面における英語の独占的支配状態が今後も続くと考えるべきである。政治や文化のアングロサクソン化を避けるためには他の言語によって知的武装を行う、すなわちマルチ・リンギストになることである。

説得力のある外国語とは

　私自身国連外交に自ら携わってきた経験からいえることであるが、国際会議などでスピーチをしたり、交渉をしたりする際に、人の心を打つ、聴かせる演説というのは一体どういうものかといえば、それは典型的なアメリカン・イングリッシュ風の話し方、発音の仕方でスピーチをするのと、少々自分のお国訛りの発音ではあるが、香りの高い英語を話す場合とでは、明らかに後者の方が人に印象づけ、また説得力も増すものである。当然にネイティブのようには話せないのであるから、むしろお国訛りを出した方が自然で堂々としている訳である。勿論、発音についてはできる限り正確な発音をするように心がけるが、それよりも発声、抑揚、内容に重点を置いて話すことが重要である。

　インド人やパキスタン人の英語はなかなかわかりづらいものがあるが、それも慣れてくると味わい深いものがある。主張している内容が示唆に富んだ傾聴に値する格調の高いものであればあるほど演説でも交渉でも説得力を持つ。例えば、タリバンの銃弾に倒れ、それでも女性に教育をと訴えてきたマララ・ユスフザイさんのような話し方で訴求力のある内容を話せることが英語を母国語としない我々の目指す目標ではないかと思う。

インサイダーになるには外国語が不可欠

　よくビジネスマンや政治家の中にも交渉は中身だから、中途半端な英語で話すよりも通訳に任せておけば良いと豪語する向きが少なくない。これは、半分正しく半分間違っている。半分正しいというのは、自らが格調の高い中身のある日本語を話すことができる人であるが、英語はそれほどでもない人の場合には通訳に任せて話した方が良いことが多い。特に同時通訳を使って行う国際的な会議や交渉においては、訓練の行き届いた通訳を使うのが良いだろう。格調の高い話をすれば格調の高い外国語に翻訳される場合にのみ、このことは当てはまる。

　しかし、いつも通訳が提供される訳ではない普通の会話や非公式な会合においては、時間とコストの関係から通訳に依存することができないこと

がある。特に非公式の交渉や話し合い、仲間内の集まりなどでは通訳を連れて行くことはできないだろうし、またその場に不釣り合いでもある。したがってそのような場合には、自ら外国語を話すことが必須となる。よそ行きの会議と普段着の会合の違いであるが、よそ行きの場合は通訳をつけることは許されるが、普段着の場合にはそうではない。その際に話や交渉がうまくいくかどうかは、ひとえに本人の外国語能力に正比例する。非公式の場や交渉の下準備的な場において積極的に議論に参加し、会合をリードするためには、絶対といって良いほど外国語ができなければならない。

英語でもフランス語でもドイツ語でも同じであるが、それが通用している社会においてインサイダーになれるかなれないかは情報を収集し、コミュニケーションを深め、人的ネットワークを構築する上で決定的な違いが出てくる。したがって外国語を学ぶことの重要な目的の一つに、インサイダーになれるかどうかという点が挙げられる。

国際会議でも二国間の関係でも、重要な交渉や会合の準備は、予備的な話し合いの場でどう存在感を示すか、本格交渉に向けての流れをどう作り出していくかが鍵となる。料理と同様に事前の仕込み（precook）いかんにかかっている。インサイダーになれるかどうかはその後の交渉の進展と成果に結びついてくるので、非公式な場で外国語を駆使することの重要性はいくら強調してもしすぎることはない。

社交性と外国語

日本人には社交性が欠けているとよくいわれる。確かに現実にそのような場面に出くわすことが多い。政治はもとより経済も文化も科学技術でも、各国との交渉や交流を支えているのは、結局は人と人との関係であり、社交がきちんとできるかどうかが重要な要素となる。そのことは劇作家・評論家の山崎正和氏やドイツの実存哲学者のカール・ヤスパースによってつとに指摘されてきているところである。外国人との間の社交という場合には、外国語ができるかどうかが最も重要な要素の一つとなる。自然体で社交ができるようになるためには外国語を磨くことがグローバル化した世界

での真の意味での社会人になるためのパスポートである。

外国語はどの程度できれば良いのか

　もちろんこれはどの分野で何をしたいかということにもかかわってくるので、一概にはいえない。極めて専門性の高い、技術的なことが主要な中身を占めている場合には、言語が占める割合はさほど多くなくてもコミュニケーションが可能となることが少なくない。お互いその道の専門家であり、熟知しているので言葉をさほど必要としないケースである。しかし、非技術的、非数理的事柄を対象として仕事をしている場合には、言語によるコミュニケーションを介して人間としての営みを行っていくのが普通であるから、言葉すなわち外国語ができることが極めて重要になってくる。

　国連などにおける交渉あるいは審議においては、合意の基礎となる文書を作成する能力とそれに基づいて文章上の表現について妥協を図っていく能力が極めて重要な意味を持つ。そこでは話される言葉よりも書かれる言葉によって合意形成を行っていくというプロセスが主流となるので、ドラフティング能力が極めて重要になる。ドラフティング能力というのは、話す能力以上の総合的な外国語力が必要とされる。正確にかつニュアンスを使い分けることができ、妥協点を探り出すことのできる豊富な表現力が要求されるので、これは最高難易度の語学力といって良いだろう。これを要求されるのは、外交官や国連職員、国際弁護士といった高度の職業人である。通常のビジネスを行う上で要求される外国語の力は、通訳を介さずに相手と英語で会話ないし交渉ができるということであろう。このケースでの上級者は、自ら通訳ができる人である。他国民との友好交流ということであれば、最低限意思疎通ができる程度の外国語能力で十分である。グローバル化がさらに進展していくであろう21世紀において若者に求められる外国語能力という場合には、前述の二つ目のカテゴリーの中間的な外国語能力を持つ職業人を増やしていくことに主眼が置かれるであろう。

外国語を話すことの真の重要性

　これからの若者に期待したいことは、これまでに述べた外国語ができるということの真の意味を理解し、それに見合った外国語のできる職業人になるよう心がけて努力する態度を持つことである。言うまでもなく、語学も音楽と同様、上手、下手には個人差があるのでそこはあくまで誤差の範囲のなかに収まっていれば気にすることは何もない。100％ネイティブのように話せるようになる必要はない。70％であれ80％であれ、伝えようとする中身と意欲があればその20-30％という差は相手が補ってくれる。これがコミュニケーションである。最も厄介なのは、そのような努力を一切しようとしない開き直った若者であり、また言葉ができないことを恥と思わないどころか、論理をすり替えて言葉などできても内容が伴わなければどうしようもないとか、外国語以外にも大事なことはたくさんあるといった、いわゆるイソップの「すっぱいぶどうの論理」で外国語によるコミュニケーションそのものを拒否しようとするグローバル性と社交性のない人間である。

　日本語もろくにできないのに外国語を話すとは何事かと豪語する大人も少なくないが、日本語がろくにできなくても外国語を話すことは必要であり、日本語至上主義に陥ることはあってはならない。日本語もろくにできない人の英語は確かにレベルが低いことは事実であるので、立派な英語を話すためにはまず立派な日本語ができることが必要であるとの逆説は真である。したがって、目指すべきは日本語もでき外国語もかなりできる人間であり、その日本語が完璧な日本人なのである。そして外国語が複数できる人間であればあるほど望ましいだろう。

　グローバル化と多様化が同時に進行するこれからの世界では、英語＋aを目指す外国語の習得が実は英語の上達にとっても有益である。言葉は文化であり、文化は言葉によって作られる。複数の言葉ができるということは複数の文化に通じるということである。異国の文化を理解するためには柔軟な頭と寛容の精神を必要とする。閉ざされた言語空間のなかでのみ生活している人間ではなく、異質なものを文化相対的に受容することができ、

さまざまな国の人々とコミュニケーションをとっていくことを可能とする多様性を身に着けたグローバル人材の登場が期待されるのである。日本の若者にはぜひそのような道を目指してもらいたいと願っている。

[参考文献]

山崎正和、2006、『社交する人間　ホモ・ソシアビリス』、中央公論新社。
ヤスパース、2011、『哲学』、中央公論新社。
マーク・ピーターセン、2004、『日本人の英語』、岩波書店。
赤阪清隆、2015、『世界のエリートは人前で話す力をどう身につけるか？』、河出書房新社。

第4章

国際ボランティアで得るもの

1 留学との違い

サービスを受ける者と提供する者

關谷武司
国際学部教授

過剰なサービスに慣れ親しんできた日本人

　レストランやお店に行けば笑顔で「いらっしゃいませ」と迎えられる。店員に「ありがとうございます」と頭を下げられる。購入した商品に少しでも傷があれば交換してもらえる。

　世界の中でも特に商品の選択基準が厳しいといわれる日本人は、顧客に対するサービスについても求める基準が高い。日本のハイレベルなサービスは、世界各国から来た外国人観光客に高く評価され、母国で活かそうとする留学生もいるほどだ。

　逆に、日本では消費者は良いサービスを受けられるのは当然と思っており、世界中どこに行っても、それが通用すると信じて疑わない人もいるのではないだろうか。「消費者はお客様」と。

　大学で学生に接していても、「学費を払っているのだから」「良い授業を受けるのは当たり前」と公言してはばからない者もいる。確かにその通りだが、ただ学びの視点からは、学生たちの受け身の姿勢を案ずることがある。

受け手では許されない

　途上国などを中心に、国連や国際協力関連機関、非政府組織（NGO）など、社会に貢献する組織の一員として活動する、関西学院大学（以下、「関学」）の「国際ボランティア」のプログラムの意義は、そんな「サービスを提供される側」の立場にあった学生たちを、たちまち「提供する側」に立たせ

ることにある。

　このプログラムは留学とは違い、語学さえできて成績（GPA）が良ければ誰でも参加できる訳ではない。学生が派遣される組織の多くは、途上国に横たわるさまざまな課題を解決する、という社会的な使命を背負っており、本業は学生を受け入れることではない。そのため、学生たちは、各組織の理念や仕組み、活動そのものの意義をしっかりと理解し、組織にとって有益な存在でなければならない。そのプレッシャーは、それまで社会に出たことのない学生にとっては非常にハードルが高く、自己鍛錬が必要である。しかし、それでも挑戦するだけの価値があるのは、社会に貢献するサービスを「提供する側」に立つことで、それまでとは異なる立場で物事をとらえるきっかけとなり、その過程で成長を遂げることができるからだ。

　同じように、他の国に行って日本とは異なる言語や異文化の中で学ぶ留学も、学生に少なからず影響を与える。しかし、教育機関で教育を受けるという点では、「サービスの受益者」であることに変わりはない。興味や関心に合わせて好きな授業をとれば良い。面白くなかったり、ついていけなければドロップアウトすれば良い。権利は主張しても、負うべき義務はない。

守られる者と自分で立つ者

　日本でも、近年は国内の貧困問題が課題として浮上し、そのことが子どもへの教育格差を生むと指摘されている。また、乳幼児への虐待など痛ましい事件が報道されることもある。極度の貧困や紛争に巻き込まれ、命の危険に晒されている途上国の子どもたちとは異質な状況かもしれないが、改めてどのように子どもは守られるべきかについて考える必要に迫られているのだろう。

　他方で、守ることが過剰になってしまうことの弊害も指摘されよう。例えば、小さな子どもが路地を駆け出すとき、転ばないか、怪我をしないか

と、親が先に口を出し過ぎ、手を出し過ぎる。それは、子どもが自分で考え行動できるように自己学習する機会を奪ってしまうことにもなる。つまり、自分で歩ける人になる機会を奪っている。

　守られた環境で育つ子どもと、守る側の一人前の大人。その中間にいる日本の学生たちは、社会に出ていくために、どんな時間を過ごし、何を身に着けるべきなのか。その答えの一つは、「自律と自立」ではなかろうか。どのような状況に身を置いても「自分で自分を律して自分で生きていく」、そういう力が求められている。

　「自律と自立」を身に着けるには、これまで自分を守ってきた環境とは異なる環境に飛び込んで、自分で立ってみることだ。その手段として、留学は日本とは異なる土地で、異なる言語で、他国の学生と切磋琢磨しながら、大げさにいえば自分の存在を保つ試練だ。1年も留学すれば、少したくましくなって戻って来る。

　ただ、国によって手厚さは異なるが、学生として守られ大学の保護下に置かれるという点では、やはり守られる環境であることに変わりはない。受け入れ学部や留学生センターなどで相談にものってくれる。それに、そもそも日本の大学が実施する留学先の大半は先進国であり、安全性、衛生面の水準は高く、社会的にも守られている。

　これに比べ、「国際ボランティア」のプログラムは、たった一人で5ヵ月間、途上国で業務に携わり、職場では自立した一個人であることが前提とされる。学生の世話をしてくれる人などいない場合が多い。組織の戦力としての貢献が求められ、治安や安全、衛生面で過酷な環境の中で業務を遂行しなければならないのだ。

　「守られる者」ではなく、あくまで「自分で立つ者」。

　日本においても、大人になれば当たり前のことなのだが……。これもグローバル人材への重要な学習課題の一つである。

2 学生はどう変わるか

無知の知

孫 良
人間福祉学部教授

　高齢者や障害者のコミュニティケアの国際比較や、移民・移住労働者に関する支援の研究などを続けてきた縁で、6年間関学の「国際ボランティア」の運営に携わってきた。このプログラムが始まった当初、参加者は年間3、4人しかいなかったが、現在では約10倍近くが参加し、途上国の事情に詳しい外部からの専属教員を採用するなど、より充実したサポートができるようになってきた。

　「国際ボランティア」のプログラムの多くは、地域おこしや人々の生活向上、平和活動など、海外における福祉活動が中心。「他の人とは違うユニークな経験がしたい」と関心を持つ学生が増えている。しかし、依然、全体数から見れば、こうした活動に参加する学生は少数派である。

　日本の学生は、謙虚で優しく素直な人が多い一方、他国の学生に比べて損をしていると感じることがある。日本にはどこか「失敗を許さない」風潮があり、指示されたことをやるのは得意だが、新しいことに積極的に挑める雰囲気が主流ではないと思う。子どものころから、空気を読んで「周りに合わせるように」「目立たないように」と育ってきたせいか、「あなたはどう思う？」と聞かれるのを恐れ、積極的に意見をいえなかったりする。

　日本社会では、一つひとつ計画的に決めて完璧に準備した上で、初めて仕事が成り立つ側面があり、それこそが日本の産業を支えてきた面もあるかもしれない。だが、逆に海外で求められるのは、突然の事態にも柔軟に対応できる力である。失敗を恐れず挑戦し、もし間違ってしまったら謝って修正をすれば良いだけなのだ。

とはいえ、日本ではそうした柔軟性を磨く経験を積むのは難しく、やはり世界の中の自分の立ち位置に気がつくためには、海外に行って勉強するのが良い。たった5ヵ月のプログラムでは限界もあるが、目的はむしろ「自分はこういう人間だったのか」「世界には知らないことがあふれている」と気づくことにある。まさに「無知の知」のために海外へ修行に出るのである。

いざ海外へ行くと、失敗の連続でうまくいかないことが多いが、その過程にこそ、「気づき」の要素がある。そして、大切なのは、その経験をどう解釈していくか。これまで経験したことのない大きなショックを受ける場合があり、学生にとってはダメージとなることもあるが、それをプラスに変えていくことこそが、私たち教員の役目となってくる。現地へ一緒に行くことはできないが、その体験を聞き、問いかけを繰り返していくことが教員の責任だと考える。

日本で、何不自由なく便利できれいな環境で過ごしてきた学生たちにとって、途上国で働く経験は、身体的にも精神的にも大きな負担を強いられる。日本では思い通りに規則正しく物事を進められるが、途上国では明確な意思表示をしないと進まず、催促に催促を重ねても前に進めないことがあり、意識が高くて真面目な学生ほど壁にぶつかることになる。

そのとき、学生は自分を責める。だが、「気にしなくて良い。そういうものなのだ」と諭すことで、世界の現実の姿をとらえてもらうよう促している。すると少しずつ慣れていく。

受け入れ側にとっては、「学生やボランティアが来ると仕事が増える」「期待した成果が出せないなら、受け入れる意味はない」といった感情もあるのが本音だ。そうしたなか、学生は社会の中で自分が立っている位置を知り無力感にさいなまれることもあるだろう。だが、頭ではなく体で理解してこそ、見えてくる世界がある。

「無知の知」を体感できる「国際ボランティア」のプログラムに、もっと多くの学生が参加してほしい。そして、現地でどんどん失敗し、新しい挑戦を積み重ねていってほしい。

知ることによる度胸

山田好一
国際教育・協力センター教授

　これまでプログラムを通じて途上国へ行った学生が、大きく成長するのを見てきたが、たった5ヵ月で変われる背景には何があるのか。それは、途上国での生活を通じて、想像でしかなかった途上国の生の人や異文化に触れることで、未知の世界が「知っていること」に変わり、知らないことへの恐怖がなくなるからだ。新たな発見を通じてこれまでの知識や知見を白紙に戻し、自身の在り方や経験を虚心坦懐に省みながら自分を問う試みは、実に多くのことを教えてくれる。知の基本に立ち返ることで、錯綜した現実社会や人間の在り方をシンプルにとらえることが可能になる。

　孔子の言葉に「物事は聞いた後に忘れ、見た後に覚え、やった後に理解するものだ」とある。本プログラムには、まさに途上国に行き、途上国の生の姿を実際に見て、聞いて、感じて、自分で考えて行動することで理解できるプロセスが凝縮されている。そして、一番の特徴は「知ること」に向けて努力させる点にあり、わざわざリスクを冒して途上国で不自由な生活をさせる「場」を提供する意味は、そこにある。

　留学と大きく違うのは、途上国に身を置き、現地の社会で「働く」ことにある。日本のようにインフラなどの社会基盤が整っていない世界では、突然の停電や事故、トラブルが日常茶飯事で、予定通りに仕事がはかどらず、人との意思疎通も「あうんの呼吸」という訳にはいかない。「できない」と焦る気持ちも生まれてくる。しかし、その「できないこと」を自覚する過程で、「自分のせいでできないのか」「今だからできないのか」、または「制度上の問題でできないのか」といった状況を客観的にとらえる訓練になる。それが度胸に変わる最初のステップなのだ。

　そして、「できない理由」がわかると、次はできるようにするための努力が必要となる。そこで求められるのは、人間関係を築く力。親も友人も教師も自分の側にはいないなか、言語も文化も異なる人のところへ飛び込んで信頼関係を構築し、チャンスがあればすぐにつかもうとする姿勢を見

せていかなければ、前には進めない。一人だけでやれることの範囲は狭く、調整や意思決定の大切さをも知ることになるが、そのとき「自分だけでやってやる」というおごりがあれば、うまくいかないことも多くなる。こうした過程で、「謙虚さ」をも学ぶことになる。

このように困難や逆境に立ち向かいながら、現地の人とともに活動することで協調性やコミュニケーション能力、語学能力を含めた国際感覚やスキルを磨いていく。異文化体験を通して自分の物差しを越えた出会いもあり、広い視野や逞しい精神力を身に着けていく。

学生にとって大切なのは、こうした多くの人と交じり合う経験を通して、既存の価値観にとらわれず幅広い教養と知識を身に着けてもらうことだ。失敗を恐れる学生が多いなか、私たち教員は、小さな失敗をどんどん経験させるべきである。学生の可能性や価値観を広げ、さらには人生の目標を模索させることに最大の重点を置く必要がある。そして、失敗したとき、すぐに手を差し伸べてはいけない。自分で解決することにより達成感と度胸を身に着けることができ、リカバーするコツや知恵、社会を生きていくタフさを体得できるからだ。そして、その先に「本当のやりたいこと」を見つけられる。

まさに、関学のスクールモットーである"Mastery for Service"（奉仕のための鍛錬）を体現する「国際ボランティア」のプログラム。5ヵ月という派遣期間は、何かを達成するには短いかもしれないが、学生が「気づき」を得て、大きく成長するには適当な長さであり、その後のフォローアップにもつなげられる絶妙な期間である。

この価値のあるプログラムに挑戦した学生は、必ず成長できる。そう自負しながら、これからもより多くの学生が飛躍的な一歩を踏み出す後押しをしたい。

日本人としての自覚

安居信之
国際教育・協力センター教授

　四方を海に囲まれ、有史以前からこの日本列島に住み続ける日本人。外界との接触は極めて限られ、世界的に見れば、ほぼ一つの言語、ほぼ一つの民族が、共通の価値観の中で生きてきた。そんな日本人が、「世界」と聞いて一番に思い浮かべる国はどこだろうか。明治時代、日本に西洋の文明が入ってきて、日本の制度や習慣が大きく変化する「文明開化」を遂げた。以来、誤解を恐れずにいえば、日本人は「世界＝欧米」と考える人が少なくないのではないか。しかし今、多様化する国際化時代において、「欧米しか視界にない日本人」では、もはや通用しない。日本が世界で生き残っていくためには、欧米の文化・習慣や英語のコミュニケーション能力を身に着けるだけでは不十分である。それ以上に、自ら新たな道を積極的に切り拓き、世界の中で信頼されることが求められているのである。

　そんな時代の中にあって、私たちが世界に出たときの最大の武器は「日本人」であること。自分たちの意思ややり方を押し付けるのではなく、相手の意見を聞いて調整することを優先する日本人の調和的な考え方は、人と人を結び、世界をつなげる可能性を持っている。

　ゆえに、これから社会に出て行く若い人たちには、まずは世界の姿を直に見てほしい。自分の感性を研ぎ澄ませ、自分で見て聞いて確かめ、本当の世界を知ることで日本人としての自身の存在にも気づいてほしい。その上で、欧米的な価値観ばかりを追いかけるのではなく、日本人としての自覚と自信を持つことの大切さに気づいてもらいたいのである。

　「国際ボランティア」のプログラムに参加した学生の多くは、日本や欧米の先進国とは異なる途上国の中に放り込まれることで、今まで深く考えることもなかった日本人としての自覚を意識し始めるようになる。白い紙の中にある白い点は認識されないが、真っ白な紙の中にぽつんとある黒い点は、たちどころに認識されるようなものである。

　「今まで当たり前だと思っていたことが当たり前ではないと気づかされ

た」「私の常識は世界の常識ではなかった」。帰国した学生たちは、途上国での暮らしを通じて、それまで育ってきた日本の環境が物質的に恵まれたものであり、世界中のすべての子どもたちが同じように教育を受け、食事を与えられ、自由に生きていける訳ではないことを知る。異文化の中で暮らす他者を見ることで、日本を再評価し、日本人としての自覚が芽生える。そこに、日本人としてのアイデンティティが生まれていく。

また、帰国した学生たちの多くは、それまで特に意識することがなかった「日本を学ぶ意義」にも気づかされる。日本の外に身を置くことで、いかに日本が世界の中で注目される国であるのか、そして自分の日本に関する知識がいかに少ないかを思い知らされる。そのことで、改めて日本のことをより深く知りたいと、自ら本を手に取るのだ。

データで見るプログラムの成果

海堀安奈、京谷和哉、阪本菜生子
三田琢郎、鯛谷文崇、田中絵美
2016年3月卒業国際学部關谷ゼミ所属学生

関学では、2012年度に「実践型"世界市民"育成プログラム」が文部科学省の「経済社会の発展を牽引するグローバル人材育成支援」に採択された。そして、プログラムの中核を担う「国際ボランティア」(「国連ユースボランティア」「国際社会貢献活動」)の教育効果を学術的に検証することが多方面から期待されている。

そこで、2014年に国際学部關谷ゼミ所属の学生が取り組んだ、「『国際ボランティア』プログラムの教育効果」の研究成果を要約し、一般の交換留学と対比する形で提示したい。

「実践型"世界市民"育成プログラム」における能力規定

プログラム自体についての説明は、2-1「グローバル人材育成プログラムの構想」に記述されているのでここでは割愛するが、そこで規定されて

いるグローバル人材の能力は、まずベースに「確立した個人」がある。この上に「専門的知識・技能」「国際的知識・技能」「マネジメント知識・技能」があると規定されている。これらの3つの能力を備えた人物が関学の定義する「世界市民」すなわちグローバル人材である。それぞれのカテゴリーにはさらに表1に記されるように具体的能力が設定され、それぞれの能力が簡潔に説明されている。

表1 「実践型グローバル人材」の具体的能力

基本カテゴリー	主たる具体的能力（Can do）	
確立した個人	主体性・アイデンティティ	自分の置かれている環境、自分の強み・弱みを理解する 自分の考えを持つ
	チャレンジ精神（使命感）	やるべきことを貪欲に探求し、他者の一時的な評価に左右されない
	公共性・倫理観	社会・政治・経済に関心を持つ 社会的正義感を備えている
専門的知識・技能	専門能力	高い専門能力を身に着け、スキルを発揮できる
国際的知識・技能	外国語力	標準的な話し方の会話の要点を理解できる 現代の問題についての記事や報告を正確に読み理解できる 関心のある話題について明瞭で論理的に書くことができる 文法、文型や決まり文句を正確に使うことができる
	コミュニケーション能力	議論に積極的に参加し自分の意見を説明できる 人の発言を引き出し、理解を確認したり、話を展開させることができる
	異文化理解力	海外の文化を興味関心を持って受け入れられる
	情報通信技術（ICT）スキル	ICTコミュニケーションツールが使える 図や表を用いたプレゼンテーションができる
マネジメント知識・技能	協調性・柔軟性	独善的、自己中心的行動ではなく、他者と協働できる
	課題発見力・解決能力	論理的に問題の分析、プロジェクトの企画・形成ができる 情報の収集・分析・活用ができる
	リーダーシップ	手順とビジョンを示すことができる 多様な意見を取りまとめることができる

教育効果の検証——アンケート調査

プログラムの効果を検証するために次のようなアンケート調査を行った。グローバル人材像の4つのカテゴリーを構成する11の能力それぞれに5問の設問を準備し、「1-5」段階（1は否定的、5は肯定的）で対象者自身の入学時と卒業時について回答してもらった。表2にその設問例を示す。

表2　アンケート内容の例

	カテゴリー	選択肢	入学時	卒業時（在学生は現時点）
確立した個人	主体性・アイデンティティ	自分（環境、性格と強み・弱みなど）を客観的に理解し、あるべき自分像を持っている。	×	×
		A）自分はどういう性格で、どういう個性を持っているか自覚している。		
		B）自国のことについて他人に説明することができる。		
		C）さまざまなことについて「自分はこう考える」、「自分はこう判断する」というものを持っている。		
		D）自分のこと（置かれている環境、個性、強みや弱みなど）を客観的に分析し、説明できる。		
		E）将来、自分がどう社会に貢献すべきか具体的な方向性が見えている。		
	チャレンジ精神	どのような困難な環境（海外の先進国、途上国を含む）でも、自分のやるべきことを探求できる。	×	×
		A）自分は今、何をしなければならないか考えられる。		
		B）授業の成績や語学力において、目標を設定し、日々努力してきた。		
		C）授業以外で新しいことに挑戦し、そのことが上達するよう継続して努力してきた。		
		D）自分にとって大切なことに失敗しても、達成するまでチャレンジした経験がある。		
		E）自分の目標のために難しい環境に飛び込んだことがある。		
	公共性・倫理観	国際的および日本の政治、経済に関心・理解が深まり、社会的正義感を持っている。	×	×
		A）世の中のこと、または自分のごく身の回りのことに関心を持っている。		
		B）（ほぼ）毎日、ニュースをチェックし、気になったニュースや話題はさらに自分で調べる。		
		C）胸を張って言える善悪の基準を持っている。		
		D）犠牲を払って、困難な状況にある人を助けたことがある。		
		E）定期的にボランティア活動に参加している。		

対照群の設定

「国際ボランティア」というプログラムには、「海外に行くことによる効果」と、一般の留学とは異なる「途上国での長期単身ボランティアを行うことによる効果」があると考えられる。そこで、国際ボランティア経験者（以下、UNYV）と、その比較対照群として交換留学経験者（以下、EXCHANGE）、大学主催海外プログラム未経験者（以下、NORMAL）の3群を設定した。そして、次のようにそれぞれの効果を仮定することとした。

・UNYV 群の伸び － NORMAL 群の伸び ＝ 国際ボランティア効果
・EXCHANGE 群の伸び － NORMAL 群の伸び ＝ 海外留学効果
・NORMAL 群の伸び ＝ 学内教育プログラム効果

※「伸び」とは、「卒業時のポイント」－「入学時のポイント」である。

対照群を設けるにあたり、検証すべき効果以外の条件を可能な範囲でコントロールするために、UNYV 群に依頼して、EXCHANGE 群、NORMAL 群に当てはまる友人をそれぞれ一人ずつ推薦してもらった。このときにお願いした条件は、日本人であること、同性であること、同じ学部（学科）出身であることを必須とし、かつ同じサークルもしくはクラブ出身であること、同じゼミ出身であること、同じ頻度でアルバイトをしていたことという3つの条件のいずれかに該当する人を選定してもらった。

結果および考察

アンケートの回答者数は UNYV 群が51人、EXCHANGE 群が24人、NORMAL 群が31人で、回答率はそれぞれ UNYV が84.7％（50件/59件）、EXCHANGE が49.0％（24件/49件）、NORMAL が54.4％（31件/57件）であった。

入学時の3群を比較したところ、55問すべての設問項目のうち、UNYV 群、EXCHANGE 群、そして NORMAL 群の回答が同じとは考えられない程度の（統計的に有意な差〔カイ二乗検定〕）差がある、そう考

え得るのは9項目にとどまった。55分の9を多いと見るか少ないと見るかは意見の分かれるところであろうが、少なくとも入学時の3群は全く異なる意識を持った集団であったとは考えにくいのではないだろうか。

次に卒業時の3群を比較した。入学時の結果と比較すると、有意差が見られる設問項目が6項目増加していた。この6項目の増加の判断も難しいが、入学から卒業までの4年の間に、3群の意識の違いが、減少する方向ではなく拡大していく方向にあったと見ることはできるのではないだろうか。

続いて、3つの群それぞれで、入学時と卒業時を比較した。3群ともにほとんどの項目で卒業時の値が高く、有意差も見られた。すなわち、どの群もほぼすべての能力が伸びていると意識されていることがうかがえた。

プログラム効果の検証

「UNYV群の伸び」と「NORMAL群の伸び」を比較することで、「国際ボランティア効果」をとらえ、「EXCHANGE群の伸び」と「NORMAL群の伸び」を比較することで、「海外留学効果」を把握することを試みた。その結果、特に「国際ボランティア効果」は、次の4つの個別能力における伸びに現れているのではないかと考えられた。

1) 外国語力

外国語力の向上には、「国際ボランティア効果」があると確認できた。しかし、意外にも「海外留学効果」は見られなかった。それぞれの群の対象者にインタビュー調査したところ、理由として次のような違いが浮かび上がってきた。

UNYV群は日常的に報告書の読み書きなどに携わり、業務として英語を必要とする。一方、EXCHANGE群でももちろん英語を使うが、授業などでは英語が十分に理解できなくても、その結果は自分の成績に影響するだけであり、自分の部署や関係者に迷惑をかけるような深刻さはない。この違いが外国語力の伸びに影響しているのではないだろうか。

2) 異文化理解力

「国際ボランティア効果」「海外留学効果」ともに見られるが、「国際ボランティア効果」の方が顕著であった。インタビュー結果からは、UNYV群では業務を実施する事務所などの「場」に多国籍、異年齢、異なる役割の人間が協働する。また、プロジェクトなどで外部の人間への働きかけも行わなければならない。それらの経験は、日本国内でインターンやアルバイトをするのとは次元が違う。一方、EXCHANGE群でも接する相手は異なる国の人間とはいえ、ほぼ同年代の学生という同じ身分の人間とのかかわりがほとんどである。それゆえに、UNYV群の方が伸びたと思われる。

3）ICTスキル

「国際ボランティア効果」は顕著であったが、「海外留学効果」は見られなかった。

UNYV群では、業務としてホームページ作成、パンフレットやポスターのデザインなど、ICTスキルを使って広報活動を実際に行うことが多いためだと考えられる。近年、ICTスキルは語学を超えるほどのコミュニケーションツールとなりつつあり、国際社会に出てビジネスを展開する上でも欠かせない能力といえるのではないだろうか。

4）課題発見力・解決能力

同様に、「国際ボランティア効果」は顕著であったが、「海外留学効果」は見られなかった。

UNYV群では、たとえ国連のような大きな組織でも、慢性的に人員が不足していることが多く、学生でも力さえ認めてもらえれば、イベントの企画・立案・実施などを任されることは珍しくない。例えば、世界中で同時期に行われる「UN International Volunteer Day」の企画を任されたりすることで、この力が伸びると考えられる。インタビューでは、事前準備での「プロジェクトマネジメント」研修が、現地でのイベントなどの企画立案・実施などに役立ったという意見が挙がった。

まとめ

NORMAL群を基準としたUNYV群とEXCHANGE群それぞれの効果

を表3にまとめた。

　白抜きのマークが、NORMAL群に比べて伸びている項目、黒抜きのマークが、NORMAL群に比べて悪化している項目である。マークの形は「○」は顕著で、「△」は傾向が見える程度である。マークの数は、その結果を示す質問の数を表している。

表3　「実践型グローバル人材」の具体的能力

基本カテゴリー	主たる具体的能力（Can do）	UNYV	EXCHANGE
確立した個人	主体性・アイデンティティ	－	－
	チャレンジ精神（使命感）	－	－
	公共性・倫理観		
専門的知識・技能	専門能力	△△	△○
国際的知識・技能	外国語力	△○△	－
	コミュニケーション能力	－	－
	異文化理解力	○△	△
	ICTスキル	○○	
マネジメント知識・技能	協調性・柔軟性		▲▲
	課題発見力・解決能力	○○	
	リーダーシップ	－	－

　「専門的知識・技能」においては「国際ボランティア効果」と「海外留学効果」の両方の効果が見られるものの、「海外留学効果」の方がやや顕著であった。「国際的知識・技能」においては、「国際ボランティア効果」が顕著に見られた。「マネジメント知識・技能」においても、「国際ボランティア効果」が確認できた能力がある一方、「海外留学効果」は「協調性・柔軟性」にネガティブな傾向が見られた。他方、「確立した個人」のカテゴリーにおいては、「国際ボランティア効果」も「海外留学効果」も見られない。

　「確立した個人」に有意な効果が見られなかったのはやや意外な印象を受ける。実際に教員にコメントを求めたところ、「主体性」や「アイデンティティ」などは学生の成長を指摘する声は多く、数値に現れてこない理由があるのかもしれない。本調査は、対象者に自身の意識面を問う自己評価型の設問である。UNYV参加者のインタビューには、「こんな程度の英語で

は役に立たない」「専門的能力が足りない」「もっと準備するべきことがたくさんあった」など、ソクラテス言うところの「無知の知」を自覚させられたコメントが多い。推測の域を出ないが、やってみることで己の無力を自覚することによる自己過小評価となっているのではないかとも考えられ得る。今後も継続的な調査によって、どのような事前学習が有効か、帰国後の取り組みはいかにあるべきかなど、明らかにしてく必要があろう。

3 社会に出てから活きること

商社の仕事で活かされる責任感と柔軟性

樋口祥子
三井物産株式会社法務部／法学部2010年卒業

"時代をつくる"商社の仕事

現在、私が働いているのは、食料品や石油・ガス、自動車、病院事業など幅広い分野で貿易・投資に取り組む総合商社、三井物産です。大学卒業後の2010年に入社し、現在は社内研修制度でロシアの首都モスクワの支店に派遣され、勤務しています。

入社以来所属する法務部は、貿易や投資案件を法務の観点から検証し、リスク回避策の提案や実行支援、関連する契約書の作成と交渉、トラブル発生時の緊急対応などを行う部署です。商社の仕事とは、社会や人が必要とするものにいち早く「気づき」、貿易や投資を通じて、時代のさきがけとなる事業を「築く」仕事。社員には未来を見据えた攻めの姿勢が求められますが、特に法務部員の私に期待されているのは、攻める営業部員に寄り添い、実際のビジネスに即した法的アドバイスを行う専門性です。

異なる文化や言語、価値観を持つ企業や人々とかかわり合う仕事には、それなりのパワーがいりますが、日々やりがいを感じながら働けるのは、

今も学生時代の経験、恩師の教え、仲間にしっかり支えられているからだと強く思います。

「自分でやってみれば？」

幼いころから好奇心旺盛で、知らない世界に触れたい、新しいことに挑戦したい性格だった私は、自然と日本の外の世界へも関心を抱くようになりました。しかし、高校生のころまで田舎でのんびり育った私に海外で「働く」という発想はなく、進路調査で書いた将来の夢は「外交官の奥さん」。担任教員からは「どうして奥さんやねん？ 関心があるなら自分が海外で働いてみたら？」と笑われましたが、この一言が価値観と進路を変えるきっかけになります。

同じころ、テレビで国連難民高等弁務官事務所（United Nations High Commissioner for Refugees：UNHCR）の弁務官（当時）だった緒方貞子さんのドキュメンタリー番組を見て、命の危機にさらされる途上国の人々の現状と、それを支える日本人の姿に強い感銘を受けました。強い信念を持って現地に乗り出し働く、年齢を感じさせないそのパワフルな女性像に憧れたものです。

高校を卒業後、国際的な舞台に踏み出すためのさまざまなプログラムがある関学に進学しました。法学部の国際関係コースの授業は興味深いものでしたが、依然好奇心の強い私は、自分の目で国際協力の現場を見たいという思いが募り、大学2年生のときに「国連学生ボランティア（当時）」に応募しました。試験通過後、半年程の研修を経て3年生になったころ、約5ヵ月間中央アジアのキルギス共和国へ派遣されました。

キルギスのNGOへ

配属先は、首都ビシュケクにある国連ボランティア計画（UNV）キルギス事務所の支援先の一つで、政府の汚職防止と予算の透明性を訴える活動を行う非政府組織（NGO）です。設立直後のため広報活動が不可欠であり、私に与えられたミッションは、ウェブサイト作成を中心とする広報

活動でした。しかし、準備し、やる気をみなぎらせて到着したNGOの事務所で目にしたのは、既に完成したウェブサイトやパンフレット。しかも担当の上司からは「忙しいからしばらく待ってくれ」といわれ、十分な打ち合わせもできないまま数週間が過ぎ、さらに追い討ちをかけるようにその上司が転職するという出来事に直面しました。

「現地の人と協力して仕事をするために来たのに、仕事もなければ相手にもされていない……」。悔しさでいっぱいになり、とても焦りました。しかし、派遣期間は限られているし、指をくわえて待っている訳にはいきません。悶々としながらも、何かできることがあるはずと自らを奮い立たせ、他のスタッフに話を聞き、状況を把握することから始めました。

配慮、謙虚さ、熱意──大事なことは世界共通

初めは現地職員にお客さんのように扱われ、真面目に取り合ってもらえないことや、リサーチをしようにもインターネットを使いすぎと怒られてしまうなど、人間関係とコミュニケーションが思うようにいきませんでした。しかし、対話を続けていくうちに、多民族の職員のみなさんの特徴がつかめてきました。ルールに厳格なウズベキスタン人、ランチに誘わないとヤキモチを焼くロシア人、その時々で考えが変わる自由なキルギス人……。さまざまなバックグラウンドを持つ職員それぞれの特徴に注意して付き合うようになりました。また、片言の現地語を織り交ぜ根気良く話し合ったことや、周囲の職員の作業を手伝ったこと、さらに現地人にならって羊の頭を食べるなどのガッツが認められたのか、職員も徐々に時間を割いて話し合ってくれるようになったのです。「相手の文化・考えを受け入れる寛容さを持つこと」「礼儀と配慮を持って謙虚に接すること」の大切さは世界共通であると身をもって学びました。

最終的にネット環境の不安定なキルギスで負担が少ない軽い簡単な新サイトやブログを作り、併行して、日々の情報更新・発信を目的とした職員のトレーニングを実施することができました。当初はパソコンの前に座ってもらうことさえままならなかったトレーニングですが、最終日、職員の

席に呼ばれて行ってみると、パソコンのディスプレイにはグレードアップしたウェブページが表示されていました。私が記したトレーニングのレジュメと参考ウェブサイトなどを見て職員の一人が自分なりにページを作り直したというのです。初めは、

事務所の仲間と

難しくてできないと思っていたことが自分の力でできるようになったことに興奮したその職員から、「You opened my eyes!」という一言をもらいました。成功を実感するとともに、苦労の先にある爆発的な達成感を覚えた瞬間でした。

帰国後、恩師・仲間との出会い

そのようなポジティブな気持ちで帰国しましたが、一方で、現地で想像以上の大きな期待が寄せられている中、自分の無力さを感じたことを思い返し、この経験をどのように次につなげていこうかいろいろと迷いがありました。

そのころ、転勤してこられた「国際ボランティア」担当の教員と出会い、国際協力の現場の話を伺いに先生の元へ通う中で、同様な経験、目標、悩みを持つ学生の仲間を見つけました。教員の下に集う学生は日に日に増え、毎日のようにその仲間と考え議論する中で、学びを実践する場としてトルコと日本の学生交流プロジェクトを企画する機会を大学より頂くことになりました。エネルギーが有り余っていた私たちは長期休暇を返上して夢中で取り組みました。

準備期間中は先輩後輩関係なく熱く議論を交わす毎日でしたが、意見のずれやメンバー間のモチベーションに差が出てしまい、15人のチームがなかなかまとまらず頭を悩ませることばかりでした。しかし、教職員のみなさんがそれに付き合い、要所でヒントを与えてくださったおかげもあり、約3ヵ月の準備期間を経てトルコを訪れ、現地の学生と互いの歴史・考え

について意見を交わすプログラムを実現することができました。チームで互いを補完し合いながら一緒に取り組むなかで、後輩たちがみるみる成長し、表情がキリッと締まっていく姿を見て、同じ志を持った仲間が集うことが大きな力になると実感しました。今思い返せば、熱意ある学生に機会を与えて実践・苦労をさせてみる大学の度量の深さと、適切な場面でヒントや助言を与え導いてくれる教職員の存在、刺激を与え合う仲間の存在があり、非常に恵まれた環境であったと思います。

大切なこと

これからも、さまざまな価値観やバックグラウンドを持った人たちとかかわりながら、互いの持ち味を最大限に活かして、情熱を持って働いていきたい。そういう思いで大学を卒業し、今の仕事を始めました。仕事では、大学時代に訪れたキルギスやトルコを含む、欧州・中東・アフリカ・CIS[※]（独立国家共同体）地域の案件を主に担当しています。国籍・国民性の違う相手との交渉では、文化の違いに驚くことや、互いをなかなか理解し合えず意見の衝突に苦しむ場面も多々あります。しかし、カタールの白い民族衣装を身にまとう交渉相手や、物事に動じず硬い表情のロシア人を目の前にしても心配することはありません。世界のどこに出て行っても、一人の日本人として、またプロとしての自覚と責任感を忘れず、そのためにもスキルを磨き根気よく鍛錬を続けること。そして、同時に相手を受け入れる柔軟性を持つこと。

学生時代の経験と仲間が、今の私の大きな原動力であり、日々背中を押してくれます。

※ Commonwealth of Independent States

どんな状況でも動じない集中力とアグレッシブな姿勢

荻野　良

株式会社IHI海洋鉄鋼セクター／総合政策学部 2012 年卒業

世界の海で数千億円のプロジェクトを動かす醍醐味

　瀬戸内海に面した臨海都市、広島・呉で生まれ、幼いころから海にかかわる仕事に憧れていました。海上自衛隊の呉基地に所属していた祖父の影響もあり、大学卒業後は、造船をはじめ重工業分野で日本を代表する株式会社IHIに入社し、2016 年で 5 年目になります。

　東京本社の営業部を経て、現在、海洋・鉄構セクターに属する大型海洋浮体構造物を製作する愛知工場の営業を担当しています。一般的に、メーカーの営業というとモノを売るイメージが強いですが、扱っているのは、海底にある石油・天然ガスを掘るためのドリルシップと呼ばれる特殊船や、洋上の石油を生産・貯蔵するための設備などで、受注した設備の設計から試運転までのプロジェクトのかじ取りをするのが私の仕事です。顧客は、エクソンモービルやシェル、ペトロブラスなど、世界の資源開発やエネルギー政策を担うような海外の大手企業が中心で、これまでにブラジルとシンガポール向けの建造プロジェクトを担当しました。来日する顧客への対応をはじめ、書類の作成や会議の取りまとめ、追加工事の交渉・費用請求、通訳など業務は多岐にわたり、数千億規模のプロジェクトを動かすのが仕事の醍醐味です。

　また、愛知工場には 100 人以上の駐在員が常駐しており、そのほとんどは外国人のお客様です。日本人外国人問わず、志を持った若いエンジニアたちが意欲的に働ける環境をつくることも目指しています。

　そんな外国人相手の仕事では、文化や商習慣の違いなどが原因で交渉や調整が難航する場面が少なくありませんが、役立っているのは、まさに学生時代の経験です。関学の「国連ユースボランティア」に参加し派遣されたネパールで、どんな状況でも動じない集中力とアグレシッブな姿勢が身に着きました。

留学ではなく、「国連ユースボランティア」を選んだ理由

　高校時代は理系クラスに所属し、当初は部活でバスケットボール漬けの日々を送りました。でも高2のとき、腰を故障して部活動に集中できなくなったのを機に参加したマレーシアの植林プロジェクトで、世界の面白さを発見します。そして、大学のセンター試験を受ける直前に文系に転向。1年の浪人生活の末、関学の総合政策学部に入学しました。

　「大学生になったら留学をしたい」。そう決めて大学生活をスタートした一方、予備校の世界史講師だった父の影響から、広い世界を見てみたいという冒険心が湧き、東南アジアや中東などさまざまな国を旅しました。関学とトルコのコジャエリ大学との学生交流プログラム立ち上げにも参画することができました。世界の多様性に魅了されるなか、多大な学資がかかる欧米への留学ではなく、途上国で成長できる機会を探していたところ、「国連ユースボランティア」のプログラムを知りました。担当の教員がいる西宮上ケ原キャンパスに行くと、学生のうちに国連で働ける貴重な機会だと教えられ、すぐに応募しました。

　2年生の終わりごろに応募して、3年生の春にはネパールへ派遣されることが決まりました。派遣までの約2ヵ月、授業の合間を縫って、面接対策や事前オリエンテーション、渡航の準備、インフォメーション・テクノロジー（IT）周辺の知識を習得する事前研修など、教員や職員の方からみっちりとレクチャーを受けました。同時期に派遣される同級生と接する時間が多く設けられており、自然と強い仲間意識が生まれ、時には徹夜で派遣先の国情、現地での仕事について議論したことも刺激になりました。

　当時のメンバーは、私と同じように国際的な仕事に就き、今も高い志を持って働いています。今思えば、親身に派遣前後の悩みや不安を聞いてくれたり、帰国後も将来の進路について的確なアドバイスをくれた職員や教員の方々にも、心から感謝しています。

「学生のおまえに何ができるのか」

　そんな準備期間を経て向かったネパールでは、首都カトマンズにある

国連ボランティア計画（UNV）の事務所に所属しました。赴任した2010年のネパールは、王政が廃止され民主化に向けて一歩を踏み出したばかりのころ。まだまだ情勢が不安定で、人々の生活も本当に貧しかったのです。そこで、国際社会はネパール政府がカバーしきれない平和構築や貧困削減に向けた支援に力を入れ、UNVも現地の非営利団体（NPO）へ資金提供や人材派遣などの支援を行っていました。私は上司に付いて、現地のNPOへのヒアリングや農村プロジェクト、難民への対応、国連ボランティアの採用・人材管理など、さまざま業務に幅広く携わりました。

国際会議にて発表

　治安の影響で予定より派遣時期が遅れたり、赴任後すぐにデンマーク人の上司に「学生のおまえに何ができるのか」と嫌味をいわれたこともありました。私生活でも、市場で買った野菜が腐っていてお腹を壊して寝込んだり、野良犬に追いかけられたり……。平穏な日々とは無縁の環境に放り出された感覚でした。でも、そんな「日本での非日常」が日常になっていくのは、とても楽しくワクワクする日々だったのです。「国連学生ボランティア（当時）としてどんな貢献ができたか」と振り返れば、今のIHIの仕事内容に比べれば、小さなことばかりです。でも、当時の経験の延長線上に今の私があります。

世界を渡り歩くために求められるしたたかさ

　ネパールでの4ヵ月間で、特に学んだことは、組織内での立ち回り方や人との接し方です。現地の人々の多くは、食べていくためには平気で嘘をつくし、ネパールには「ずる賢くしたたかな人間が勝つ社会」がありました。一方、現地で活躍している日本人の方々は、誠実な仕事ぶりに加え、"良い意味"のしたたかさを兼ね備えていました。

　日本人同士の会話では、いいたいことをすべていわずに暗黙に了解した

つもりのまま物事を進めることがありますが、ネパールでは意思を察してくれる人はほとんどいません。結論をいい切らないと伝えたいことが伝わらず、予定していた業務が進められなかったり、「いった」「いってない」でもめるなど、苦い思いをしたこともあります。異なる文化を持つ人と働く難しさを感じながら、双方の理解が合致しているか、念を押して聞く習慣がついていきました。ただ、けんかするのではなく、相手の懐に飛び込んでとことん話し合う。そうすることで信頼関係が生まれ、一人では生み出せないダイナミックな事業の実現につながると思います。

　現在の仕事では、エンジニアのプライドや志と海外のクライアントの要望との間で、調整役を担う場面もあります。大好きな海洋に携わることができる一方で、大きな組織ならではの矛盾や厳しさを感じることもあります。「海にかかわる仕事ほど面白いものはない」。そう確信して入社してから4年が経ちますが、今もその気持ちに変わりはありません。理想を実現しようとすると、乗り越えなければならない高い壁がたくさんありますが、人間の想像を絶する壮大な海には、陸地よりも大きな可能性が眠っています。世界のエネルギー市場に貢献する難しいビジネスをたくさん経験し、これからも海洋業界のスペシャリストを目指していきます。

開発途上国で真に役立つ研究者を目指して

芦田明美

UNESCO Bangkok ／総合政策学部 2010 年卒業

　総合政策学部を卒業した後、神戸大学大学院国際協力研究科へ進み、博士号を取得しました。その後、研究を続けながら、2014年からはタイのバンコクにある国連教育科学文化機関（UNESCO）・アジア太平洋地域教育局（UNESCO Bangkok）において、教育分野を専門にプログラム・オフィサーとして働いています。UNESCOは、「教育や文化の振興を通じて戦争の悲劇を繰り返さない」との理念の下、1946年に設立された国連の専門機関の一つです。設立当初から今日にいたるまで、識字率の向上、教育の

普及のための活動、世界遺産の登録と保護などの教育や科学、文化に関する事業を世界中で展開しています。アジア太平洋地域全体をコーディネートする役割を担う UNESCO Bangkok 事務所では、周辺のアジア諸国を対象としたさまざまなプロジェクトが運営されており、私も年に数回はベトナムやカンボジア、ラオス、ミャンマーなどに出張に行く機会があります。現在は、教育行財政に関するプロジェクトの形成や実際の運営業務に携わっており、これらのプロジェクトの中には、日本の政府開発援助（Official Development Assistance：ODA）の資金援助を受けて実施されているものもあります。

「研究職の仕事」と聞くと、正直どのような仕事内容なのか見当もつかない方が多いと思います。研究室にこもって論文を書くといった内向的なイメージを持つ人もいらっしゃるかもしれません。私自身も学部生のころは、アクティブに現場に足を運び、現場の実態に即した調査研究を行う国際教育協力分野の研究者の方がいらっしゃることを知りませんでした。また、博士号などのアカデミックなバッグラウンドを持って、国際機関の仕事に携わる専門家の方々の存在も知りませんでした。しかし、関学での教員との出会いが、その後の人生を大きく変えることになります。

「気持ちだけでは何もできない」

研究職の道へ進むことになった最初のきっかけは、大学3年生のときに参加した「国連学生ボランティア（当時）」プログラムです。中央アジアのキルギス共和国で、約4ヵ月間、糖尿病治療の専門病院に併設されていた現地非政府組織（NGO）に所属し、主に子どもたちや病院スタッフを対象にした、英語クラスを提供するボランティア活動に従事しました。母国語ではない英語のクラスを提供するのは大変難しいことでしたが、私も英語を第二言語とする立場ゆえに、彼らが英語に戸惑いを感じるところなど理解できる部分がたくさんありました。その気づきを活かして、さまざまな視聴覚教材を準備し、日常会話に必要な単語や文法の授業をレベル別に提供するなど、参加者が楽しく英語に触れられるように工夫しました。

皆、興味を持って学んでくれ、伝えたことを覚えてくれる姿を見るのはうれしく、仕事にはやりがいを感じることができました。

一方、現地では水道や電気、ガスといった基本的な生活に必要なライフラインにかかわるインフラが未整備の状態にある、途上国ならではの現状を垣間見ることができました。それまで日本では、当たり前のように水道や電気、ガスのある生活に慣れていたので、計画停電で電気の供給が止まるなど、そんな日常のことにも衝撃を受けていました。このとき、国としての脆弱さが、人々の暮らしや人生に大きな影響を与えることを、机の上での勉強からではなく初めて五感で体感することができたと思います。現地にある多くの問題を眼の前にして何もできない自分、「人の役に立ちたい」と思う気持ちだけでは実際に現場でできることは少ない、このことをひしひしと感じました。現地の人の役に立ちたいと意気込んでいた分、今のままの私ではできることは少なく、何か誇れる専門性を身に着けなければ、社会に貢献することはできないと痛感しました。この特別な経験が、帰国後の就職活動や大学院進学といった私の進路選択に大きく影響することになります。また、国連など国際機関で働く実務家の方の多くは、修士や博士の学位を持っておられたことから、開発の現場では修士号以上の学位が必要な資格なのだと知ることができました。

国際ボランティアプログラムだからこそ、得られた成長

海外へ出向くプログラムなら、今の時代は旅行や留学といったたくさんの機会であふれています。そのような単なる旅行や留学ではない「国際ボランティア」プログラムだからこそ、私が得られた成長は何だったのか、少し振り返ってみたいと思います。

このボランティアプログラムでは、学校といった日本国内の守られた環境や一般的な留学では経験することのない、「自分の足で立たなければならない環境」に身を置くことになります。それは、社会に出る前の学部生であった私にとって、非常に貴重な経験だったと思います。自分で状況をとらえ、どう行動すべきかの判断をする。今まで、私は周りに頼ることの

できる環境にいたことに気づき、自身の甘えを自覚することができました。また、大学生にまでなると、なかなか自身の価値観に大きく影響するような経験に出会うことはありません。それぞれ個々人の人格形成もでき上がっているため、自分のこれまで培ってきた価値観や経験が邪魔をし、ちょっとしたきっかけでは自分自身や考えを変えることは難しいものです。プログラムに参加することによって、そのような状態を変えられる「外の世界」に出ることができました。自身の持っていた価値観を大きく変えることができ、自分にとって未知のことに積極的に触れ、体験しようとする姿勢を意識することができたと思います。食べたことのない食べ物にチャレンジするか、絶対に食べないと拒否するか。本当にその態度一つで、相手の反応も自身の内面もすべてが変わります。現地では、日本人の感覚で考えれば当たり前だと思うことが当たり前ではありません。「どうしてそのような考え方や行動になるのだろう」、仕事を進めていくなかで、最初は一つひとつに戸惑いがありました。でも、よく考えてみれば、育ってきた環境もこれまでの経験も全く違う者同士です。なんとなく、あうんの呼吸でわかり合えることはありません。相手がなぜそのような考えや行動にいたってしまうのか、その背景にある状況を理解しようとする姿勢から、お互いへの理解が始まります。それぞれの違いを受け入れ、さまざまな価値観や考えに対応できる柔軟さを身に着ける、その大切さをこのプログラムでの活動を通して学ぶことができました。

カンボジアの小学校教員とその生徒たちと

世界の言語は英語だけではない

　現在、バンコクの職場で一緒に働くのは、韓国や中国、タイ、ネパール、フィリピンといったアジアの人から、アメリカ、カナダ、フランス、イギリスなど欧米の人までさまざまです。英語を母国語としない人と会話する

ことが多く、仕事では英語を使いつつも、相手の母国語のあいさつなども積極的に使います。また、大学院ではスペイン語を用いて研究を進めていた経験から、スペイン語でコミュニケーションをとる機会もあります。相手の母国語を使いコミュニケーションを図る、これはキルギスでボランティア活動に従事し、ロシア語を積極的に用いた経験から得た学びでした。相手の母国語を使うことで、相手との距離を近くすることができるように思います。

そして、このことが英語ではできないコミュニケーションにつながります。キルギスでは、公用語のロシア語が街中においてもテレビの中でも使われていました。当時の私は、このような英語が主要言語ではない国に長期で滞在すること自体が初めてであり、英語以外の主要言語に触れることがとても新鮮でした。また、万能だと思っていた英語が全く通じない世界は、私にとって大きなカルチャーショックでした。日本では、英語圏からの情報が、日本語に変換されてニュースとして伝わってくることが大半です。しかしながら、そればかりに頼っていると、開発の現場で起こっている物事を多面的にとらえることが難しくなります。開発の世界を英語圏の価値観だけで理解しようとしてはいけない、多様な価値観でとらえなければ物事を見誤る危険性がある、そのことに気づかされました。この多言語・多文化に囲まれた経験が、さまざまな国の立場から世界をとらえる必要がある、と考えるきっかけになりました。

現場の実態をとらえ、真に役立つ研究者に

研究職の道へ進もうとする私の背中を押すことになったもう一つのきっかけは、修士1年次に国際協力機構（JICA）が実施した、「ホンジュラス共和国算数指導力向上プロジェクト」の教育評価プロジェクト業務にかかわらせていただいたことです。この評価プロジェクトにおいて、私を指導してくださった教員が教育評価の専門家として従事され、私は統計処理アシスタントとして同行させていただきました。現地で働く実務家の方々が、アカデミックな支援もなく孤軍奮闘しておられる姿を、初めて目にしまし

た。現場で活動する人たちが直面するさまざまな苦労の背景には、その現状を俯瞰的にとらえ、専門的な視点を用いることで解決できるものも含まれています。そのことから、現場が抱える問題の実態を客観的にとらえ、分析し解決に結びつけることこそ研究の役割だと気づき、現場に根差した研究こそが世の中の役に立つものだと実感しました。

　私は、国際協力の教育分野における研究職とは、途上国で生じる社会の問題を教育の立場から深く分析・考察し、その知見を活かして、世の中に貢献していく重要な使命を担った専門職だととらえています。そして、当事国の文脈に即した、草の根レベルの政策提言を行うべき存在でもあると考えています。私が修得したいと切望してきた「専門性」とはまさにこのことであり、この道こそが私の進むべき道だと考えるにいたりました。

　「開発の現場に根差し、社会やその中に暮らす人々の役に立つ研究を行う研究者になる」。そのような目標を持って博士号の取得に邁進し、研究職の道を志しました。しかしながら、実際には日本の国際開発分野における研究の現状として、他の先進国と比較して研究者が長期で海外へ出ることが難しく、開発の現場との間に距離が生じていることが指摘できます。日本の研究者が、今後さらに国際開発分野において活躍していくためには、現場に深く根差した研究が強く求められていると思います。だからこそ私は、現場レベルにも身を置き、国際機関のデータのみを扱うのではなく自らデータを収集できる研究者を目指して、国際教育協力に研究の視点から貢献したいと考えています。

国際機関で働くこと

　今、私は国際機関に身を置き、国際機関の職員という立場から、開発の現場に携わっています。この世界では、「国際ボランティア」のプログラムに参加して知り合うことのできた方々と再会できることもあり、プログラムを通して得られた人とのつながりも今の私の財産です。国際機関に入る方法はさまざまですが、英文履歴書の内容が重要となることはいうまでもありません。特に、国際機関のインターンなどに応募する際には「途上

国への渡航経験があること」、そして、ただの観光や数週間のフィールドワークなどへの参加ではなく、「一定期間の現地での滞在経験、業務経験があること」は、その人が現地の生活に入り業務に従事できる可能性を証明するものとなります。これは、この開発の世界に進みたいと考える人にとって、大きなアドバンテージです。私が学部生のときに、「国連学生ボランティア（当時）」プログラムを通してこの経験を得られたことは、とても幸運であったと感じています。

　先にも少し触れたように、現在、私は教育分野に関係するプロジェクトの形成や運営の業務に携わっています。プロジェクトを企画・立案する際には、先行研究や先行プロジェクトのレビューを踏まえて問題点を明らかにし、それに対処できるプロジェクトを作っていくことになります。このプロジェクト形成の過程は研究に通じるところがあり、私にとって面白みを感じる点です。私はこれまで、博士課程においてラテンアメリカ地域の基礎教育の分野を専門として研究を進めてきました。一方、現在の仕事ではアジア太平洋地域における国々を対象としたプロジェクトの形成を行っています。地域に関する情報や関連資料をレビューして自身の理解を深め、それをもとにプロジェクトを作っていく作業は、さまざまな文献や資料とにらめっこすることになり、簡単な作業ではありません。しかしながら、この作業は新しい知識を増やすことにもつながり、とても勉強になるところです。

　私は学部を卒業してから、そのまま大学院へ進学しました。人よりも長い間学校に通い、やっと社会に出ることになりましたが、今、仕事をしながらひしひしと感じているのは、日々勉強は欠かせないということです。もしかしたら、高校生や大学生のみなさんは、学校を卒業すればもう試験もなく、勉強も終わりだと思っているかもしれません。しかしながら、実際にはそうではなく、日々勉強の毎日です。先にも述べたように、自分がまだよく知らない分野のことにも、業務として取り組まなければならないことがあります。でも、がっかりしないでください。今、みなさんが学校で取り組んでいる、基礎学力をつけるためのトレーニングのような勉強と

は異なる勉強です。研究や国際機関での仕事を通じて、日々新しいことを学び、自らの知識や経験を増やしていく過程は、とてもワクワクして面白いものですよ。

　ここまで、自由にさまざまな思いを書かせていただきましたが、この開発の世界においては、私はまだまだ駆け出しで未熟な状態です。これからいろいろな「現場」を経験して多くのことを学び、自身の持つ研究職としての「専門性」を日々磨いていきたいと思います。そして、少しでも多くの人々が、教育を受ける機会を通して人生の選択肢を増やし、たくさんのチャンスを手にできる世界となるよう、これから教育分野の専門家として途上国の教育開発に携わり、社会に貢献できる人物になりたいと思います。

第5章

未来のグローバル人材に伝えたいこと

基礎学力

孫　良
人間福祉学部教授

　日本で、近年、頻繁に使われている「グローバル人材」という言葉。英語に訳すと、「グローバル・ヒューマン・リソーシーズ（global human resources）」となる。しかし、これでも、いま一つその正確な意味は曖昧で、わかりにくい。

　ビジネスの世界では、すでに何十年も前から海外の国々と貿易を通じて交流や競争がある。今やこの時代、世界とかかわらない方が難しい。

　そうした状況の中、なぜ日本では、あえて「グローバル人材」を掲げ、その育成を必要とするのだろうか。「グローバル人材」の解釈はさまざまだが、グローバル人材とは、国際的な視点を持って社会貢献を担うことができる人材を指すと考えている。自分の身を置く場所は西宮だろうがサンフランシスコだろうが、あるいはブルキナファソの村だろうが、どこにいても、そこで暮らす人々のことを考えながら、自分の仕事がその人々に与える影響力を考慮に入れ、自分の周囲や社会全体を良くしていこうとする意志と、それを実現する方法を持つこと。それがグローバル人材に求められる資質であろう。

　「グローバル人材」になるためには、専門知識だけでなく、「基礎学力」も必要である。ただし、日本の学生と接していると、算数や国語、理科といった分野の基礎学力については大きな問題はないが、英語で文章を作成し表現するのが不得意だと感じる。これまで学校で練習する機会が少なかったせいか、特に、フォーマルな文章を書いたり人前で積極的に話すのが苦手だ。

　もちろん世界で話されている言葉は英語だけではない。外国語は、あくまでコミュニケーションを図るためのツールである。国際的な分野にかかわる際には、政治や歴史、時事的な問題に関する知識も不可欠である。だが、日本の学生は、それらの問題についての関心が比較的低いように感じている。日本のことをもっと知ると同時に、日本以外のニュースに関心を

持ち、外国語で読んだり文章を作成したりする練習を続けてほしい。

まずは「基礎学力」や国際社会に関する知識をつけること。それが「未来のグローバル人材」への第一歩である。

自律

国際化や情報化が進むにつれ、社会は多様化して複雑になるとともに、「個の時代」を迎えている。自己のアイデンティティの確立や自己実現を求める「個人」と、人と人がつながる「共同体」との関係性も、その姿を一様に説明することは難しくなってきた。

このような時代において、関西学院大学（以下、「関学」）の「国際ボランティア」のもう一つの狙いは、若者の「自律心」を養うことにある。すでに異国の地で多くの学生が活動してきたが、日本語が通じる国はほとんどない。そこでは日本での常識は通じず、求められるのはコミュニケーションのための言葉や、異文化を理解する心、そして、そのコミュニティの中で良好な人間関係を築いて生きる力である。そこでは、日本人の価値観や自分のことを知っている人はおらず、待っていても何も始まらない。そのため、何事も自分で判断し、自分で物事を動かしていかなければならない。

その過程で養われるのが「自律心」である。自律するためには、自分が置かれている環境を理解して、自分の責任やできることを客観的に分析し、他人との協力も必要だ。その国の常識や習慣を知るだけでなく、論理的に考える力、自分で判断し行動する力が求められる。こうした環境に身を置くことで、学生たちは自然と自律心を養っていくのである。

日本の学生は、自分に自信のない人が多いように感じる。「自分にはできない」と決めつけて、縮こまっている。いろんな可能性があると思えるのに、自信がないためか、本人は他者と深くかかわろうとしない。グローバル人材に求められるのは、何かを始める前から「できない」と決めつけることなく、「もしかしたらできるかも」と、ほんの少しの可能性をも信

じることだ。そして、現地の人々や同僚とのコミュニケーションを心がけ、交渉の技術を少しずつ身に着けてほしい。最初から、上手に世界の人々と渡り合っていく人などいないのだから、少しずつ地道に努力してほしい。壁にぶつかったときにも、ハードルを下げて、達成可能な目標を自分で立てる「自律心」さえあれば、持続可能な原動力となるであろう。

時間の価値

關谷武司
国際学部教授

「明日なさねばならないことがあったなら、今日のうちになせ」
　　──ベンジャミン・フランクリン『貧しいリチャードのアルマナック』
　　（『世界名言事典』（改訂版）梶山健編　明治書院　1976 年）

「少年老い易く、学成り難し。一寸の光陰軽んずべからず」
　　──朱子『偶成』（『世界名言大辞典』梶山健編著　明治書院　1997 年）

「学生たちがなまけて多くの時間をむだにしているのがわかります。きちんと節約すれば時間をたくわえることができます」
　　──マハートマ・ガンディー 1946 年 1 月 9 日付『ボンベイ・クロニクル』紙
　　（『ガンディーの言葉』マハートマ・ガンディー著／鳥居千代香訳　岩波ジュニア新書　2011 年）

　歴史上の人物たちが口をそろえていう言葉。それは、時間の価値についてである。日本にいても、海外にいても、すべての人に平等に与えられているもの。それが時間であるが、その時間を有意義に使うか、無駄にするかは、自分次第。使い方次第で、人生は大きく変わる。
　時間の使い方について、気になる二つのタイプの学生がいる。一つがバ

イト三昧の学生諸君。何のために大学に入ってきたのだろう。なぜ安い時給で、今しかない自分の大切な時間を売るのか⁉ 「バイトで学ぶことがある！」という者は多い。本来やるべきことをおろそかにしてまで今やる価値を本当に認めるならば、授業料を払うのを止めてフルタイムで働くのが良かろう。

　もう一つの気になるタイプは、いつも手帳にイベント満載の学生諸君。あれもこれも、よくもそんなに詰め込めるものだ。意欲の塊、好奇心の塊といえるかもしれない。だけど、やはり違和感を感じる。

　情報化時代、洪水のようにいろんな誘いや刺激が襲ってくる。でも、人間というものは、そんなにたくさんのことを一度に吸収できるものではない。雑学も時に役には立とうが、学生時代に身に着けるべきは、やはりもっと深い問いかけであり、学びではないだろうか。子どもから大人へ脱皮する自らの精神革命。それをもたらすしっかりとした心の鍛錬が必要なのではないだろうか。

　人生の中で「今」やるべきこと。そして、「大学」という「場」が世界中で存在する意義。これらを真剣に考えてみれば、自ずと答えは見つかるのではないか。なぜそれを犠牲にするのか……。「授業がつまらない」という声はよく聞く。確かに自己研鑽が望まれる先生はいるかもしれない。だけど、それを理由に学びを放棄しても、自分の大切な時間の喪失を合理化はできない。

　時間に関して、もう一つ、矛盾するようなことを述べておきたい。

　受験に失敗したり、就職で思うようにいかなかったりすることがある。そして、他人より遅れることを恐れ、チャレンジする心を引っ込める。

　自分の大切な人生の選択にあたって、このような愚かな考えにとらわれてはいけない。

　人生は今や80年。世界で最も長寿な国の住人がなぜ大切なことを前に時を惜しむ？　他人より1年遅れたなら、他人より1年余分に生きれば良いだけのこと。

足元だけ、目先のことだけにとらわれていてはいけない。頭を高く掲げ、遥か先を見据えて歩きなさい。

これから社会に出て行く若い人は、今後ますます多角的な視野とスピードが求められる時代を生きていかなければならない。5年後、10年後、20年後の自分像を思い描き、今の努力を積み重ねていってほしい。

すでに目標が決まっている人は、目標の達成のために何をすれば良いか、調べ、考え、識者に尋ね、進んでほしい。今まだやるべきことが見つかっていなくても、いつか「これが自分の使命だ」「やりたいことはこれだ！」と思えることが見つかったとき、すぐに動けるように準備をしておいてほしい。「気がついたら何もない自分」では、情けない。

大学時代は、人生の中でとても大切なターニングポイントの一つ。遊んでいる暇などなく、自分の未来を真剣に見つめてほしい。

心意気

この本をここまで読み進められて、あなたは何を感じられただろう。

私たちは、偶然か必然か、この豊かで平和な時代の日本に生まれ、育ってきた。この日本の日常が当たり前のことなので、日々不満を抱えているのだが、世界的・歴史的に見れば、望むことは何でも叶う環境にある。

では、何を望むか。

さらなる豊かさか？　便利さか？

欲しい服を買い、美味しいものを食べ、海外旅行に行って、人生をエンジョイする？

私たちが立っている場は、こういう欲求を何一つ叶えられない人々が世界中にあふれる地球という惑星。その力なき者に罪があろうか。

恵まれた環境にある者は何をなすべきか。

我々はいかに生きるべきだろうか。

もはや、わかりきったメッセージを繰り返す必要はないだろう。

私たちは、望みを叶える方向を間違ってはいけない。
必要なのは
欲望を満たす行動ではなく、
願いを実現する努力だろう。

大したことはできないかもしれない。
でも、自分がやらなきゃ誰がやる？

グローバルに生きるなら、その根本は『心意気』。

おわりに

現代世界と日本の若者に求められるもの

1　日本は衰退するのか

　日本は現状ではなお世界第3位の経済大国である。多くの日本人は、日本がミドルパワー（中程度の国）と呼ばれることについて漠然とした違和感を抱くのではなかろうか。しかしながら、台頭する中国やインドとは裏腹に、今後数十年間の経済的な予測のどれを見ても、21世紀の中ごろまでに、日本は人口も経済も今より相当小さくなることが予測されている。イギリスのEconomist誌による2050年までの経済予測"Megachange: The World in 2050"によれば、2050年のアメリカの一人当たり国内総生産（Gross Domestic Product：GDP）を100とした場合、日本のそれは58.3であるが、ドイツは87.7であり、現状（76.2）に比べて低下しないどころか、むしろ大きく増えると予測されている。さらに、日本にとってショッキングなことは、この予測によれば2050年には韓国の一人当たりGDPが105.0で日本のほぼ2倍、中国も52.3と日本に迫ると予測されていることである。

　さらに経済協力開発機構（OECD）が2012年11月12日に公表した長期経済予測"Looking to 2060: Long-term global prospects, November 2011"によると、2060年までに日本経済の世界に占める割合は2011年の6.8％から3.2％へと半分に落ち込むということであり、一層悲観的な予測となっている。そのような予測を一つの仮説として考えた場合に、世界がこれまで抱いてきた経済大国という日本のイメージは、実はこれからの数十年の間に大きく変化していかざるを得ないという厳しい現実が待ち受けている。

　こうしたこともあり、すでに世界において日本はもはや経済大国ではな

く、ましてや政治大国でもないと受け止められている。そのようなアンビヴァレント（二律背反的）な状態は今後の日本人の意識と行動にどのような影響を与えていくのであろうか。

　現代日本の支柱となっている自由と民主主義、人権という普遍的な価値は、たとえ日本の国力が減退しようとも今後とも輝き続ける必要がある。個人が自由にその持てる能力を発揮できる平等な社会を維持するために、日本は何をすれば良いのか。日本は、人口減少、高齢化、国力の衰退――そしてそれに伴う社会状況の変化、政治的なマインドの変化を所与の事実として受容しつつ、自由で公正な世界の実現のために責任感と覚悟を持って東アジアの隣国との和解を達成し、世界秩序の変化を安定的に管理していかなければならないであろう。

　日本は、第二次世界大戦後作られた国際秩序において、敗戦国であるにもかかわらず世界第二の経済大国として長年にわたって世界経済の発展に貢献し続けてきた。そして、軍事的な手段に依拠することなく世界の安定に寄与してきた。そのことを反映して、例えば英国のBBC放送が毎年行っている世界で最も貢献している国に関する世論調査では、常に上位（1位から5位）にランクされている。100年に一度といわれるような世界秩序の変革期にあって、日本は、引き続き平和裏に新しい世界秩序の構築に積極的に参画することを欲するのか、傍観者でいるのか、その分水嶺に差し掛かりつつあるのではないのかと思われる。

2　これからの若者に求められること

　以上のような世界観に立って、これからの日本の若者にどのようなことが求められるのか、簡単に述べてみたい。

常識に裏付けられた人間力

　まず、どのような時代であれ、人間のベースにあるのは常識と教養である。これはできるだけ広く深いものが良い。人間誰しも最初からそういうものがある訳ではないので、長い年月をかけて積み上げていくのだが、人

と人の関係においては、常識と教養に裏付けられた人間的な魅力というものが大きなパワーとなる。

交渉と弁論

よく日本人には交渉力がないといわれるが、日本人の場合は規則や決まり事で議論したがる傾向がある。規則でこうなっているといえば相手は納得すると思っているが、物事は規則だけで動いている訳ではない。むしろ実際には規則に書かれていないことのほうが多く、その部分で争うのであるから、規則でこう決まっているというだけでは交渉にならない。それを解決するのが政治という人間の営みであり、あらゆる可能性を試み、打開することが必要となる。

何事もまず交渉から始まる。その際必要なのは、説得力と修辞力である。これはアリストテレスの時代からそうである。表現をいかに豊かに、見事にするか、ロジカルにするのかということを含むが、これは自分で修得しなくてはならない。

イギリスの首相であったマーガレット・サッチャー女史は、パワフルでアイアンレディ（「鉄の女」）といわれたが、あのサッチャー首相は、若かりしころ、学校とは別に演説を勉強する弁論学校に通っていた。その学校は、言葉を正確に話すこと、そして文法が正しいだけでなく発音もイントネーションもアクセントも正統な英語を学んで自分の意見を正しく発信できるようにする訓練をしたことが回想録に書かれている。国内外の会議に出たり、交渉したりするときに、日本語でも英語でもいかに正しく、明瞭にかつ豊かに表現できるかということを訓練していく必要がある。

社交性あるいは社会性

次は社交（sociability）である。社交性がないと人間関係がうまくいかないことが多い。この社交はドイツの哲学者のカール・ヤスパースも強調している。社交とは単なる交際ではない。人間社会にはルールがあるので、それに則って人はコミュニケーションをしている。社交は、相当な神経と

エネルギーを使う精神活動であり、怠惰で利己的な人間はこれを苦手としている。高度な知的能力を使いながら他者とのコミュニケーションを行い、利害関係を調整していく紛争予防能力である。

　社交のできない人間は意識の能動性を捨ててしまったつまらない粗野な存在になる。社交を重んじる風潮の醸成は、価値が多元化する21世紀の国際社会にとって「野蛮を防ぐ知恵」(山崎正和『社交する人間』中公文庫)として益々重要性を帯びてくるだろう。日本人はこの社交を苦手とする人が多く、コミュニケーションがとれない大人が少なくなく、誤解されやすい環境を自らつくりだしている残念な状態にある。

決断力

　昨今、感じることは、決断力や責任をとることが日本の社会から徐々に消えてきているのではないかということである。こういうものは気づかないうちに消えていってしまうものである。大きな事件や出来事が起こっても誰も責任をとらないという状況が続いている。

　これは今に始まったことではなく、第二次世界大戦末期においても日本人はそういう状態にあった。1945年7月26日に発せられたポツダム宣言は日本の無条件降伏を求める最後通牒であったが、当時の政府はこれを無視してポツダム宣言を「重要視しない」と述べ、ポツダム宣言を黙殺したと受け取られた。その結果、8月6日に広島に、そして8月9日には長崎に原爆が落とされた。為政者である総理大臣や軍部の責任者は、戦争終結の決断ができず、最後は天皇が終戦の決断を行ったのである。このように真に重要な決断をすべきときに責任のある者が決断をしないということが日本にはままある。

誠意と人道主義

　あらゆることの基本にあるのは、誠意、真心を貫徹するということである。誠意というのは、自分の中にきちんとした考え(節)を持って、それを曲げることなく、道徳に照らしてどうかという問題になるが、何をした

いかではなく何をなすべきかを常に考えているような人間に宿っている精神状態のことである。しかし、人間は、その誠意を貫いてもジレンマに陥るものである。しかし、そのときにどういう決断を下せるかが大事だと思う。考え抜いて迷った場合には、人倫（人間の道徳）にもとることのない道（人として当たり前のこと）を選択するのが正道だと思う。そのことを常に頭の片隅に置いて、最後に自分はこう考えるといえる気概と自信を鍛え抜いていくことが大切である。まず、誠意を貫く、しかしそれでも迷う場合に決断を行うに際しては、人道主義の立場から具体的なケースに即して考えていく必要がある。ドイツのメルケル首相がシリアからの大量の難民の受け入れを決断したのも「人として当然」の決断であったと考えられる。

知恵と努力

日本という国は戦後、人並みはずれた努力をして世界から尊敬される国になった。日本の若者はそのことに自信を持ち、それをさらに引き継いでいってもらいたい。古今、日本には天然資源がなく、人間が唯一の資源である。人間は考えれば知恵が出るし、努力することによって自然の資源がなくても経済成長は達成し、科学・技術も進歩する。日本はこれまでこのことを見事に実行してきた。しかし人口と国力の減退する今後の日本はそれをもっと実行しなければならない。これから日本の若者が競争する相手は世界の若者である。そのことを自覚して自分の能力を世界標準で高めていかなければならない。持つべき視野や基準を世界に大きく広げてほしい。

責任と奉仕

リーダーは責任をとる人と同義であり、常に自分ではなく全体に奉仕するという使命を実行している人である。人は自分のためだけに生きているわけではなく、誰かのために、世の中のために、世界のために生きている。常に誰かに奉仕し、崇高な目的のために自分の能力を活用し精進、進歩していくことが求められている。関西学院のスクールモットーである

"Mastery for Service"（奉仕のための練達）はリーダーの向かうべき方向を指示している。

正論と「高貴な粘り」

正論を吐くのは簡単である。正しいことを主張するのは、少しの勇気があれば誰でもできる。しかし、正論だけでこの世の中が動いている訳ではない。正論を吐くと同時にそれを貫徹させるための何倍もの努力と説得が必要である。それでも説得ができなければ、また次の手を考える、その積み重ねと多くの失敗を経て初めて物事が動くということを、若いときのさまざまな体験の中からつかんでもらいたいと思う。再び関西学院の話になるが、体育会のモットーは"NOBLE STUBBORNNESS"（高貴な粘り）である。これを"Mastery for Service"（奉仕のための練達）とともに実践してもらいたい。

外国語を学ぶ上でのパラドクス

若干奇異に聞こえるかもしれないが、外国語能力は、母国語が下手だとうまくならない。いくら発音を練習しても、母国語の能力が低いままではそのレベル以上の外国語を話せないというのは古今東西普遍の原理と思われる。きちんとした日本語を話していると、これはきちんとした英語でどういうのかと常に意識し、考えるようになる。そうするとやがてその日本語のレベルの英語に到達する。したがって、まず日本語を正しく、豊かな表現できちんと話すことが語学の上達の秘訣である。この逆説をぜひ味わってもらいたい。

世界を知ること

2013年9月29日の日本経済新聞ウェブ版は、全国139の大学の学長に行ったアンケートの結果として、半数近くの学長が10年後に海外への留学が3割以上増えると予想していると報じている。人のため、世のためになることを考える成熟した人間になるきっかけをつかむのが留学である。

同年代の世界の若者に触れて日本と世界のためにできることは何かを見出してくること、地球社会の一員であること、そしてその前に日本の若者であることを再認識し、自分に課せられた責任がいかに重いか、何が自分に足りないかがわかるようになる機会を与えてくれるのが海外留学である。

3　真のグローバル人材とは

　文部科学省によると、グローバル人材とは「激動する国際社会の中で政治・経済・文化などの諸領域においてグローバルな課題に対して問題意識を持ち、社会において主体的に行動できる人材」と定義されている。日本と世界で通用する高い教養を備え、啓発された人間のことである。啓発された人間というのは、人格を陶冶し、確立しようとしている人のことであり、それに加えて前述の社交性を有している人である。外国語コミュニケーション能力は、技術的な要素であるが、自らの考えと主張に説得力と普遍性を持たせるという観点からグローバル化が進む今日の社会では不可欠の運転免許のようなものである。また、確立した自己、つまり自分とは一体何者なのか、人間としてやってはいけないことやなすべきことをわきまえた基本的な価値観をしっかりと身に着けていること、日本語（母国語）を正確に話せること、このような能力（コンピテンシー）の備わった日本人を育むことが大切である。

　さらにグローバル人材としては、他者・他文化への寛容と理解を有していることが大切である。まさに、ゲーテが述べたような「世界精神」を持つ人間のことである。そして、すべては足し算の世界であるということも十分に理解しておくべきである。よく、グローバル人材になるためには、日本人的なものを捨てなければならないと勘違いしている人がいる。欧米の物まねのようなことをしている人が世界人、国際人だと勘違いしている向きが多い。しかしそうではなく、まずベースに日本人の良い徳性を持っていて、その上で足りないものを補っていくという足し算が、グローバル人材を育成する上で大きな鍵となる。足りないものが何かは外国に出てみないとわからないことが多いので、外国に出てさまざまな学びをしてくる

ことによって、何を足していかなければならないかということがわかってくる。それが、グローバル人材になる近道であると思う。

　つまり、グローバル人材というのは、自分が何とかしないと日本は、世界は、地球はどうなるのかという使命感を持ち、日本と世界、そして人類全体に奉仕しようとする人のことなのである。

　日本の衰退のトレンドに終止符を打ち、国際競争力を強化するためには以上に述べたグローバル人材としての若者の育成が急務である。そしてそのためには、産・官・学がオールジャパンとして戦略的な連携を強めるとともに、特に大学にあってはその期待に応えて不断の改革を行い若者を育成し続けなければ、日本の衰退は確実に起きるということを銘記する必要がある。

副学長／国際連携機構長
神余隆博

[参考文献]
英『エコノミスト』編集部、2012、『2050年の世界』、文藝春秋。
マーガレット・サッチャー、1993、『回顧録』、日本経済新聞社。
山崎正和、2006、『社交する人間　ホモ・ソシアビリス』、中央公論新社。
アリストテレス、1992、『弁論術』、岩波文庫。
ヤスパース、2011、『哲学』、中央公論新社。

略称用語一覧

略称	英語名称	日本語名称
ADB	Asian Development Bank	アジア開発銀行
AIIB	Asian Infrastructure Investment Bank	アジアインフラ投資銀行
ASEAN	Association of Southeast Asian Nations	東南アジア諸国連合
BHN	Basic Human Needs	ベーシック・ヒューマン・ニーズ
CJCC	Cambodia-Japan Cooperation Center	カンボジア日本人材開発センター
CSO	Civil Society Organizations	市民組織
CSR	Corporate Social Responsibility	企業の社会的責任
DAC	Development Assistance Committee	開発援助委員会
DOA	Description of Assignment	業務指示書
EASE	East Asia Student Encounter	インドネシア交流セミナー
EFA	Education for All	万人のための教育
GDP	Gross Domestic Product	国内総生産
GNP	Gross National Product	国民総生産
GPA	Grade Point Average	グレード・ポイント・アベレージ
ICRC	International Committee of the Red Cross	赤十字国際委員会
ICT	Information and Communication Technology	情報通信技術
IDCJ	International Development Center of Japan	一般財団法人国際開発センター
IMF	International Monetary Fund	国際通貨基金
ISIL	Islamic State of Iraq and the Levant	イラク・レバントのイスラム過激派組織
IT	Information Technology	インフォメーション・テクノロジー
JETRO	Japan External Trade Organization	日本貿易振興機構
JICA	Japan International Cooperation Agency	国際協力機構
JST	Joint Support Team for Angkor Preservation and Community Development	アンコール遺跡の保全と周辺地域の持続的発展のための人材養成支援機構
MDGs	Millennium Development Goals	ミレニアム開発目標
MNS	Malaysian Nature Society	マレーシア環境保護団体
MOU	Memorandum of Understanding	了解覚書
NGO	Non-governmental Organization	非政府組織
NPO	Nonprofit Organization	非営利団体

略称	英語名称	日本語名称
ODA	Official Development Assistance	政府開発援助
OECD	Organisation for Economic Co-operation and Development	経済協力開発機構
PCM	Project Cycle Management	プロジェクト・サイクル・マネジメント
PISA	Programme for International Student Assessment	学習到達度調査
SDGs	Sustainable Development Goals	持続可能な開発目標
SGH	Super Global High School	スーパーグローバルハイスクール
SLC	School Leaving Certificate	（ネパール）全国共通卒業認定試験
SNS	Social Networking Service	ソーシャル・ネットワーキング・サービス
TOEFL	Test of English as a Foreign Language	英語能力測定試験
TOEIC	Test of English for International Communication	国際コミュニケーション英語能力テスト
TOR	Terms of Reference	業務指示書
TPA	Technology Promotion Association	泰日経済技術振興協会
TPP	Trans-Pacific Partnership	環太平洋パートナーシップ
UN	United Nations	国際連合（国連）
UNAIDS	Joint United Nations Programme on HIV/AIDS	国連合同エイズ計画
UNDP	United Nations Development Programme	国連開発計画
UNDPI	United Nations Department of Public Information	国連広報局
UNESCO	United Nations Educational, Scientific, and Cultural Organization	国連教育科学文化機関
UNHCR	United Nations High Commissioner for Refugees	国連難民高等弁務官事務所
UNICEF	United Nations Children's Fund	国連児童基金
UNITeS	United Nations Information Technology Service	国連情報技術サービスボランティア
UNV	United Nations Volunteers	国連ボランティア計画

資　料

これまでの派遣実績
※2015年度末現在

◆学部別　(単位：名)

学部	人数
神学部 School of Theology	2
文学部 School of Humanities	6
社会学部 School of Sociology	5
法学部 School of Law and Politics	12
経済学部 School of Economics	10
商学部 School of Business Administration	4
理工学部 School of Science and Technology	0
総合政策学部 School of Policy Studies	69
人間福祉学部 School of Human Welfare Studies	4
教育学部 School of Education	1
国際学部 School of International Studies	30
総合政策研究科 Graduate School of Policy Studies	2
合　計	145

派遣者の就職状況

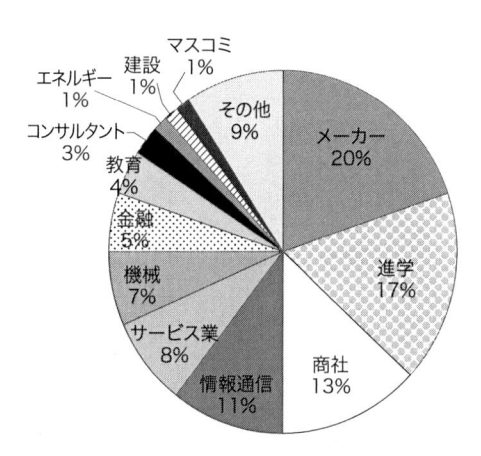

- メーカー 20%
- 進学 17%
- 商社 13%
- 情報通信 11%
- サービス業 8%
- 機械 7%
- 金融 5%
- 教育 4%
- コンサルタント 3%
- エネルギー 1%
- 建設 1%
- マスコミ 1%
- その他 9%

◆派遣国別　(単位：名)

アジア	インドネシア Indonesia	15
	カンボジア Cambodia	13
	スリランカ Sri Lanka	12
	タイ Thailand	3
	ネパール Nepal	3
	バングラデシュ Bangladesh	1
	東ティモール Timor-Leste	1
	フィリピン Philippines	14
	ベトナム Vietnam	2
	マレーシア Malaysia	14
	モンゴル Mongolia	17
	ラオス Lao People's Democratic Republic	5
大洋州	オーストラリア Australia	2
	サモア Samoa	8
	フィジー Fiji	3
欧州	ウクライナ Ukraine	1
	キルギス Kyrgyzstan	14
	ドイツ Germany	3
	ボスニア・ヘルツェゴビナ Bosnia and Herzegovina	1
アフリカ	ガーナ Ghana	2
	ナミビア Namibia	1
	マダガスカル Madagascar	1
	マラウイ Malawi	2
	モザンビーク Mozambique	2
	ルワンダ Rwanda	2
	エチオピア Ethiopia	1
	ザンビア Zambia	1
	タンザニア Tanzania	1
計28ヵ国		145

230

「国際ボランティア」プログラム派遣先 Map

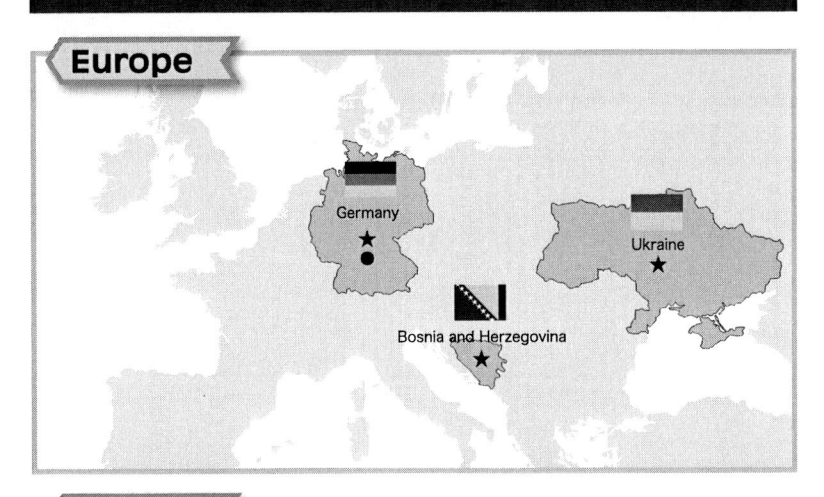

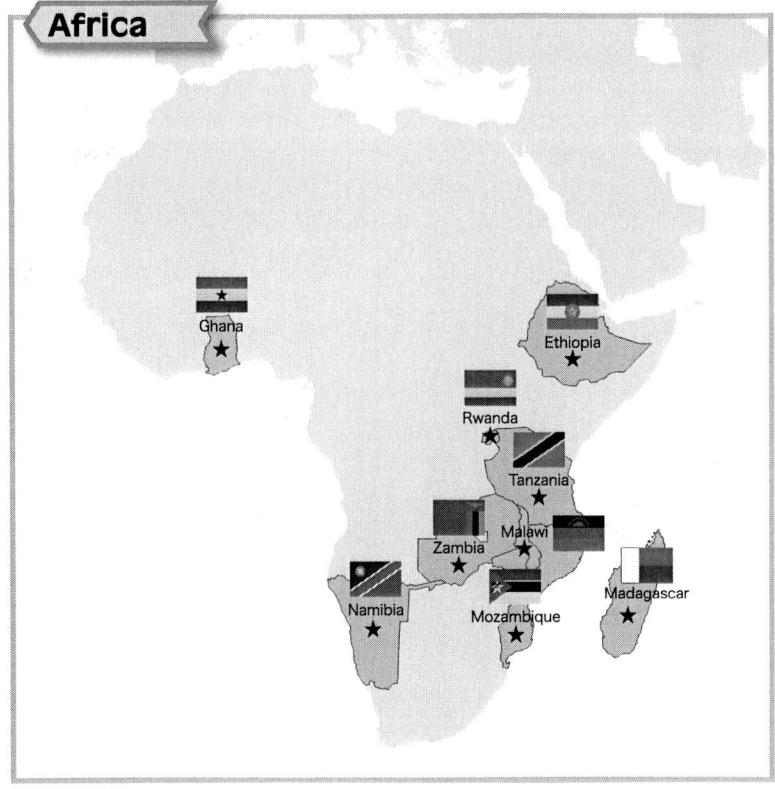

Europe

- Germany
- Ukraine
- Bosnia and Herzegovina

Africa

- Ghana
- Ethiopia
- Rwanda
- Tanzania
- Zambia
- Malawi
- Namibia
- Mozambique
- Madagascar

231

国連ユースボランティア(2004年～2015年)：★　国際社会貢献活動(2013年～2015年)：●

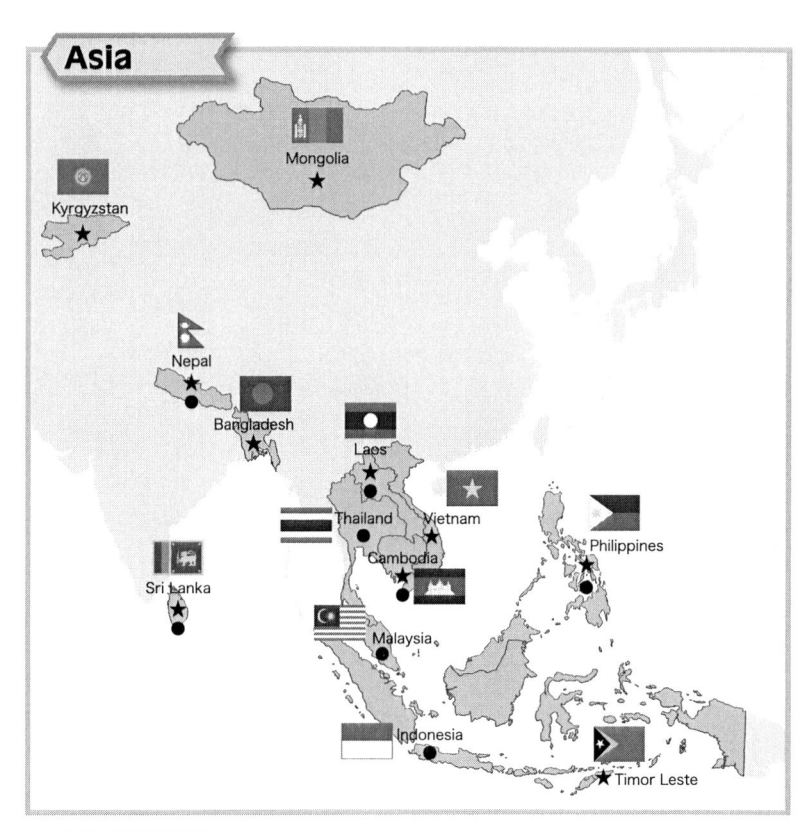

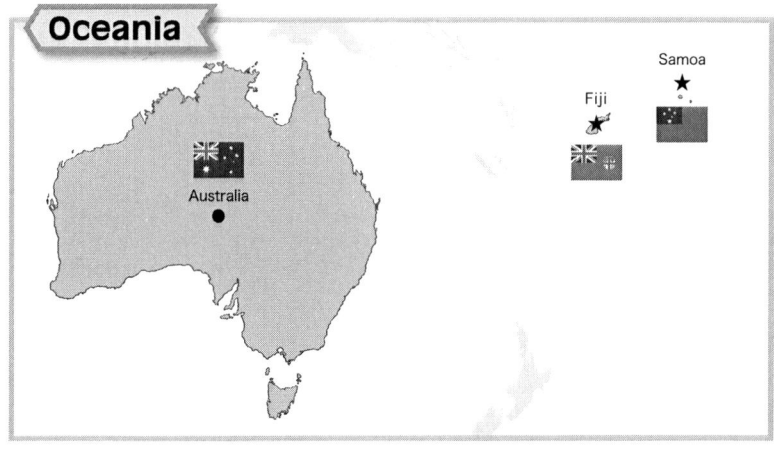

Asia

- Mongolia ★
- Kyrgyzstan ★
- Nepal ★●
- Bangladesh ★
- Laos ★
- Thailand ★
- Vietnam
- Cambodia ★
- Philippines ●
- Sri Lanka ★●
- Malaysia ●
- Indonesia ●
- Timor Leste ★

Oceania

- Australia ●
- Fiji ★
- Samoa ★

執筆者一覧　（五十音順・敬称略）

芦田明美	（あしだ あけみ）	総合政策学部 2010 年卒業／UNESCO Bangkok
安藤　朋	（あんどう とも）	国際連携機構事務部
市冨沙織	（いちとみ さおり）	国際学部 3 年
井上晶絵	（いのうえ あきえ）	神学部 4 年
岩野祐介	（いわの ゆうすけ）	神学部准教授
江嵜那留穂	（えざき なるほ）	国際学研究科博士課程前期課程
大高　茜	（おおたか あかね）	総合政策研究科博士課程前期課程 2015 年修了
岡部純子	（おかべ じゅんこ）	法学部准教授
小川凌平	（おがわ りょうへい）	総合政策学部 4 年
荻野　良	（おぎの りょう）	総合政策学部 2012 年卒業／株式会社 IHI 海洋鉄鋼セクター
國頭貫也	（くにとう かんや）	国際連携機構事務部
齋藤未歩	（さいとう みほ）	社会学部 4 年
佐竹優輝	（さたけ ゆうき）	国際学部 4 年
沢田賢吾	（さわだ けんご）	人間福祉学部 4 年
神余隆博	（しんよ たかひろ）	副学長／国際連携機構
關谷武司	（せきや たけし）	学長補佐／国際学部教授
孫　　良	（そん りょう）	人間福祉学部教授
鯛谷文崇	（たいたに ふみたか）	国際学部 4 年
谷井信一	（たにい のぶかず）	国際連携機構事務部次長／国際教育担当課長
中村　圭	（なかむら けい）	国際連携機構事務部
新田琴乃	（にった ことの）	国際学部 4 年
蓮沼香菜	（はすぬま かな）	法学部 3 年
花田　樹	（はなだ たつき）	総合政策学部 3 年
林　達也	（はやし たつや）	総合政策学部 2015 年卒業／Dimension Data Asia Pacific ネットワークエンジニア
樋口祥子	（ひぐち しょうこ）	法学部 2010 年卒業／三井物産株式会社法務部
丸山吏乃	（まるやま りの）	企画室
村田　治	（むらた おさむ）	学長
安居信之	（やすい のぶゆき）	国際教育・協力センター教授
山田好一	（やまだ よしかず）	国際教育・協力センター教授
吉田夏帆	（よしだ なつほ）	国際学研究科博士課程前期課程

編集委員会メンバー

委員長

關谷武司	（せきや たけし）	学長補佐／国際学部教授

編集委員

神余隆博	（しんよ たかひろ）	副学長／国際連携機構
尾木義久	（おぎ よしひさ）	高大接続センター次長／高大接続センター高大連携課長
小野　宏	（おの ひろむ）	グローバル化推進室次長
川浦良介	（かわうら りょうすけ）	学長室次長／グローバル人材育成推進担当課長
長沼加代子	（ながぬま かよこ）	国際連携機構事務部／国際協力担当課長
安居信之	（やすい のぶゆき）	国際教育・協力センター教授
山田好一	（やまだ よしかず）	国際教育・協力センター教授
酒井仁子	（さかい よしこ）	学長室グローバル人材育成推進担当

肩書き・役職位はすべて執筆時のものである

編著者略歴

關谷武司（せきや たけし）

1961年神戸生まれ
広島大学教育学研究科博士課程修了　博士（学術）
専門分野：教育社会学（教育開発）
JICA派遣専門家として、技術協力プロジェクトの立案、運営、評価を実施。2005年教育開発コンサルタント会社「クリスタルインテンリジェンス」代表取締役。2009年から関西学院大学にて国際ボランティア担当。国際学部教授。

世界へ挑む君たちへ
実践型グローバル人材教育論

2016年　3月15日　初版第一刷発行
2020年10月30日　初版第二刷(オンデマンド版)発行

編 著 者	關谷武司
発　行 所 在 地	関西学院大学 〒662-8501 兵庫県西宮市上ケ原一番町 1-155
制作・発売 電　話	関西学院大学出版会 0798-53-7002
印　刷	株式会社デジタルパブリッシングサービス

©2016 Takeshi Sekiya, Kwansei Gakuin University
Printed in Japan by Kwansei Gakuin University Press
ISBN 978-4-86283-214-6
乱丁・落丁本はお取り替えいたします。
本書の全部または一部を無断で複写・複製することを禁じます。